GABRIEL WOLF

Valami betegesen más

Arte Tenebrarum Publishing
www.artetenebrarum.hu

Copyright

Fülszöveg

Adott egy zseniális zsaru, aki bőrdzsekit hord, egy igazi jóképű vén róka, csak cigin és kávén él, továbbá kiváló a munkájában. Kicsit már bele is fáradt és fekélyt kapott a sok stressztől. (Még szerencse, hogy ez a zsarutípus egyáltalán nem klisé.)

Ez a könyv (most már regényterjedelemben) tartalmazza a teljes első négy epizódot.

Találkozhatunk benne az Éjféli Fojtogatóval, aki (meglepő módon) éjfélkor gyanútlan embereket gyilkol meg teljesen ok nélkül, mégpedig úgy, hogy megfojtja őket rosszindulatból!

Ott van még (bár ne lenne) Charles, aki direkt azért költözik oda a Kiber térre, hogy egyszer majd mondhassa, hogy ő a Kibertéri Gyilkos, ami nagyon „cyber space"-esen hangzik. Úgyhogy azóta is mondhassa, mert már régóta ott lakik, aztat mindenki tudhassa! (Ezek nem az író szavai, hanem a gyilkosé, mert Charles egy igazi punk. Annyira művelt, hogy már nem kell értelmesen beszélnie sem.)

Említhetnénk akár (bár minek?) a Hegyi Stoppost is. Sharon a hegyekben él, ahol senki sem jár (autóval sem), mégis stoppol. Minek, ha nem jár arra senki? Csak csinálja, és kész, mert ehhez van kedve! (Végül is jogában áll, nem?) Ez az epizód egy lebilincselő thriller! Tele bilincsekkel. Egy erotikus könyv erotika nélkül...

Végül találkozhatunk Mike atyával (ami nem lesz túl kellemes). Ugyanis a jó pap holtig tanul, de Mike atya nem! Mármint úgy nem, hogy ő nem egy „jó pap". Tanulni még csak-csak tanulna, de arra meg ideje nincs, mert túl sok szabadidejét veszi igénybe az önbíráskodás, hogy pedofilokat gyilkoljon. Néha selfie-ket is készít unalmában a Facebookra. Tehát elég sok a gondja szegénynek.

Jack persze mind a négyüket elkapja! Sőt, még a saját feleségét is és társát is a rendőrségnél. Mindenki le lesz hát tartóztatva! Még azok is, akik semmi rosszat nem tettek. (Őket legfeljebb majd elengedik.)

Az előszóból kiderül, hogy miért számít ez a regény új irodalmi műfajnak. (Tizenhét unalmas pontban meg van indokolva.) Továbbá ezáltal a pontos receptje is le van írva, hogy hogyan kell ilyen regényt írni... ami egyszer majd tananyag lesz. (Bár reméljük, hogy nem!)

Tartalom

GABRIEL WOLF

Az Éjféli Fojtogató!

(Valami betegesen más, #1)

Arte Tenebrarum Publishing
www.artetenebrarum.hu

Fülszöveg

Az Éjféli Fojtogató! („Valami betegesen más" első rész)

Adott egy zseniális zsaru, aki bőrdzsekit hord, egy igazi jóképű
vén róka, csak cigin és kávén él, továbbá kiváló a munkájában.
Kicsit már bele is fáradt, és fekélyt kapott a sok stressztől. Csak
az érdekli, hogy elkapja a társadalomra veszélyes bűnözőket és
őrült gyilkosokat! Egyfajta személyes bosszúhadjáratot folytat
ellenük. Addig nem nyugszik, amíg rács mögé nem kerül az
összes. Még akkor sem, ha ez már saját egészségét és családja
boldogságát veszélyezteti.
Adott egy szintén zseniális gyilkos, aki csalódott a nőkben és
az egész világban. Ezért gyilkol. Nem érdekli már semmi és
senki. Azaz egy ember mégis: a nyomozó! Szinte csak az
foglalkoztatja, hogy a detektív elismeri-e őt, azaz alaposságát
és tehetségét az emberölés művészetében. Ezért minden
gyilkosságáról felvételeket küld a zsarunak egy jelöletlen
borítékban. Ily módon zaklatja a fanatikus nyomozót, míg
egyszer össze nem találkoznak személyesen, mert akkor aztán
minden megváltozik!
Világok harca kezdődik el ott és akkor! Fizikailag és
mentálisan egyaránt. Őrült hajsza és izgalom veszi kezdetét!

Ugye milyen ismerősen hangzik ez az egész?
Ez a történet ugyanis elejétől végéig hemzseg a borzalmas
kliséktől! Gyakorlatilag végig olyan jelenetekre épül, amit már
mindannyian ezerszer láttunk és olvastunk.

8

Mégis, mindezek ellenére a szerző ki meri jelenteni, hogy *ilyet* Ön még életében nem olvasott.

Miért?

Olvassa el, és meglátja!

Ez egy abszurd humortól roskadozó thrillerparódia első része: „Az Éjféli Fojtogató!"

Felhívás

Ez a termék egy olyan lakásban íródott, ahol időnként felkiáltójeleket is használnak, ha a helyzet is úgy kívánja. Ezért ez az írás nyomokban felkiáltójeleket tartalmazhat! Vigyázzunk velük, mert a felkiáltójel nem egészséges az évnek ebben a szakában! Ráadásul agresszív is. Ne próbáljuk megzavarni őket táplálkozás közben, mert könnyen veszélyessé válhatnak! Ne etessük őket odakintről hozott eleséggel sem, mert félrenyelhetik! Senki sem akar fuldokló, elkékült fejű felkiáltójeleket látni egy egyébként fekete betűkkel írt szövegben.

A felkiáltójelek valódi oka:

A történet írója nem igazán hall jól, mert öreg. Emiatt gyakran ordít. Sajnos olyannyira hozzászokott ehhez, hogy már írásban is csak így képes kommunikálni. Nagy mennyiségű felkiáltójel nélkül egyszerűen *nem hallja* a saját maga által leírt szöveget.

Hogy miért kéne *egyáltalán* hallania a szöveget?

Hát, mert *nem látja*!

Köszönetnyilvánítás

Köszönet annak, aki feltalálta a felkiáltójelet, továbbá annak, aki kitalálta a kikiáltójelet. Ez utóbbi is majdnem pont olyan, mint korábban feltalált társa, csak míg a felkiáltójel *felfelé* mutatva ordít, addig a kikiáltójel *kifelé* bökdösve üvölt a könyvből mindenkire, aki gyanútlanul megközelíti a könyvespolcot. Ezért sem használja a legtöbb író, mert megnehezíti a könyv eladását. Senki sem akarna úgy megvenni egy könyvet, ha valami fenyegetően kiáll és előmered belőle.

„Vajon miért?" – kérdezhetnénk.

Azért, mert átszúrt vastagbéllel nem lenne olyan könnyű sorban állnunk a kasszánál, hogy kifizethessük a könyvet.

Komolyra fordítva:

Azért van szükség ebben a sorozatban sok felkiáltójelre, mert a hatásvadász jeleneteket parodizálja, főleg filmekből.

Azokban honnan tudjuk, ha nagyon izgalmas egy jelenet? Vagy a fokozódó intenzitású, sejtelmes háttérzenéből, vagy abból, hogy az egyik szereplő felkiált ijedtében, vagy esetleg maga a narrátor eleve úgy mondja a szöveget, hogy érezhető legyen a közelgő borzalom súlyossága.

Egy leírt történetben viszont nincs se zene, se ordítozó szereplők, sem pedig narrátor. Azaz ez utóbbi talán... még... lehetne benne!

Ezért aztán ebben az írásban egy afféle „narrátor" próbálja meg egyedül kezelni ezt a nehéz szituációt. Lehet, hogy néha kicsit túlzásba viszi? Nem tudom... egy *visszafogott* paródia mennyire tud vicces lenni? Szerintem semennyire.

Egyébként egyszer megpróbáltam átírni ezt az írást úgy, hogy szinte ne is legyenek benne felkiáltójelek. Úgy viszont sajnos nem működött. Azon a módon egész mást jelentenek bizonyos mondatok.

Vegyünk két példát ebből az első epizódból:

Első példa:
„Azért mindennek van határa!"
(Így, ebben a formában ez a mondat valami olyasmire utalhat, hogy valaki dühbe gurul, és ezután valami súlyos dolog fog következni, nem?)
„Azért mindennek van határa."
(Ez viszont így úgy hangzik, mint egy elméleti fizikával foglalkozó előadás, ahol épp univerzumunk titkairól s legvégső határairól beszélnek. Habár az ilyesmi borzasztó érdekes tud lenni, és sokat tanulhatunk belőle, néha mégis elalszik rajta az ember az unalomtól.)

Második példa:

„Még a szájába is ment néhány homokszem!"

(Ebből a verzióból esetleg olyasmi következhet, hogy a szereplő valamely okból vagy allergiás a homokra, vagy nagyon erősen félre fogja mindjárt nyelni.)

„Még a szájába is ment néhány homokszem."

(Ez így viszont a világon semmilyen veszélyt nem sugall, hiszen mindannyian jártunk már így gyerekkorunkban a homokozóban, nem?)

Na ugye? Hát ezért van sok felkiáltójel ebben a történetben, mert itt most senki sem fog homokozni, viszont valakit bizony elég gazdagon pofán fognak szórni homokkal! Ráadásul alattomosan, mert úgy jobban fáj!

Előszó:
Mi ez az új irodalmi műfaj?

Nem tudom. Az lenne?

Sokan kérdezték már, hogy pontosan mi ez a „Valami betegesen más" című sorozat. Paródia? Szatíra?

Szerintem nem biztos, hogy meglévő címkékkel kellene ellátni. Túl sok ahhoz benne az összetevő, hogy egyértelműen ráhúzzuk, hogy mondjuk, „rántotta". Ez azért annál kicsit összetettebb dolog.

Mik akkor az összetevők? Megmondom a konkrét receptet, de hogy rajtam kívül élő ember nem fogja tudni elkészíteni, azt elég valószínűleg tartom. Hogy miért? Máris kiderül!

De előbb még annyit, hogy ha valóban új műfajnak lehetne tekinteni mindezt, akkor egy névre is szükség lenne hozzá. Én sem tudom, hogyan hívnám. Mi egyszerűen csak „Jack műfaj"-ként emlegetjük a feleségemmel.

Vagy akár... mivel „ifjúsági irodalom" műfaj már létezik, nevezzük akkor, mondjuk... „öregségi irodalomnak".

Rájuk is illene néha gondolni, nem? Szegény nagymamát meg ki fogja meglátogatni? Pedig már egész nap gyúrja-dagasztja, készíti nekünk a jobbnál-jobb süteményeket, mi meg oda se toljuk a képünket?! Micsoda dolog ez?

Na *ezért* lesz a neve ennek a műfajnak „öregségi irodalom". Így legalább ők is kapnak valamit, ha már olyan alacsonyak a nyugdíjak, meg minden.

Tehát akkor az összetevők:

#1: Legyen lehetőleg egyszerre regény és egyszerre film is, amit leírsz. De mindig a megfelelő helyen válts köztük úgy, hogy még épp vicces legyen!

#2: Ha lehet, akkor minden egyes bekezdésben legyen egy poén. De olyan, amin nemcsak te, de más is tud nevetni. Legyenek olyan részek is benne, ahol minden mondatban van poén. Az ugyanis nem ér, ha csak minden oldalon van kettő!

#3: Nem lehet benne nyílt erotika vagy trágárság. Sokkal viccesebb, ha burkoltan célozgatunk erre-arra. Nyíltan kimondani nem lehet!

#4: Legyen tele klisékkel, ami korábban már sok filmben benne volt, és amit mindenki jól ismer. Viszont ezeket úgy kell használni, hogy csak a lényeget vegyük ki belőle, ami épphogy még felismerhető! Konkrét jelenetet ne vegyünk sehonnan, mert az már paródia, ez pedig ugye nem az!

#5: Legyenek benne olyan visszatérő poénok, ami már *elsőre is* idegesítő volt. Minél többet hangoztatjuk, annál inkább nevetni kell rajtuk. Egyszerűen muszáj. Ezért is olyan idegesítőek.

#6: Nem lehetnek benne vezetéknevek. Sőt, ha lehet, akkor semmi olyan „fennkölt cicoma" sem, ami egy „normális" regényben szokott lenni.

#7: Ne is legyen teljesen egyenes a történet. Legyenek benne itt-ott zavaros marhaságok, de csak annyira, hogy még vicces és érthető maradjon.

#8: Sok felkiáltójel kell. De nem összevissza, nyelvtani hibaként. Hatásvadászat legyen a célja, amikor még ugye indokolt is, csak kissé már idegesítő! (Pont, mint most! Vagy akár most!)

#9: Szándékos hibák is kellenek bele. Szándékos nyelvtani hibák, rosszul idézett szólások, megfordított szópárok, ezáltal pedig már képzavarok is.

#10: Szándékos ismétlések is kellenek, de ez ne egyszerű szóismétlés legyen, mert olyat mindenki tud!

#11: A történetben az írónak időnként teljesen ok nélkül kommentálnia kell a történteket, úgy, hogy senki sem kérte rá és úgy, hogy lehetőleg írástechnikai szempontból is csőd legyen az egész jelenet!

#12: A történet folyamán az író lehetőleg veszekedjen is az olvasóval, próbálja meg megindokolni a döntéseit, és folyamatosan magyarázza a bizonyítványát, hogy mit miért csinál. Lehetőleg dühödten és türelmetlenül, mint egy beképzelt majom.

#13: Nem árt, ha kicsit rosszindulatú is az író, mert annál hülyébb lesz, és ezáltal még viccesebb.

#14: Az író mindig mondja meg az olvasó helyett, hogy ő mit gondol az adott jelenetről. Azt is erőszakosan közölni kell az olvasóval, hogy mit *kellene* gondolnia, és mi a helyes! Ezáltal ki is oktatja persze az író az olvasót, de épp csak annyira tegyük idegesítő módon, hogy még jópofa maradjon, és azért ne legyen sértő.

Ezt tehát a pontos recept! Remélem, így érthető.

Tehát ha ezeket *mind* betartjuk, akkor pontosan ugyanilyen regényt fogunk tudni írni mi magunk is. Vagy nem.

A recept mindenesetre már megvan hozzá!

Egyszer lehet, hogy még valaki ezt is elkezdi tanfolyamon tanítani.

Őszintén remélem, hogy nem!

Sőt, kérem is, hogy ne!

Megígérem, hogy én sem fogom.

Így már azért fair, nem?

Komolyra fordítva:

(Habár a receptben leírtak *valóban mind* elemei ennek a műfajnak.)

Miért ilyen ez az egész?

Azért, mert olyan, mint én: kiszámíthatatlan.

Sosem lehet kiismerni. Mindegy, hogy miért.

Egyszerűen ilyen, és kész. Szerintem talán *ez* a lényege.

Ha ez a sztori még tovább jut, tovább mutálódik (mint valami szörnyű vírus), akkor lehet, hogy a tizedik részben már egész más dolgok lesznek majd, mint most.

Lehet, hogy pont az eddigi szabályokat fogom szándékosan felrúgni *csak azért is*. Tehát mielőtt bőszen nekiülnénk, hogy szorgosan Jack műfajú öregségi irodalmat írjunk erős felindultságunkban, akkor azért nem árt, ha ezeket is figyelembe vesszük. Ugyanis mire megírnánk a saját írásunkat ilyen műfajban, addigra a „Jack műfaj" kifejezés sajnos lehet, hogy már egész mást fog jelenteni.

Tessék!

Mondtam én, hogy nem lesz könnyű elkészíteni ezt a receptet!

Első fejezet: Valami egyedi

Jack kinyitotta azt az átkozott hűtőt. (Ő sosem szokott káromkodni, én viszont igen.) Végignézett a hűtő szánalmas, félig megromlott tartalmán, de nem tudott evésre gondolni. Túl ideges volt, és túl keveset aludt az éjjel. Rendőr létére (meglepő módon) elég sok stressz érte. Annyira, hogy már enni sem volt kedve. Kivett hát egy sört a hűtőből, mert ilyet soha senki nem szokott csinálni, akinek rossz kedve van. Közben elkészült a kávé is, és azt is inni kezdte felváltva a sörrel. Cigizett is hozzá (mert adott az egészségére). A sört már meg is itta, de böfögni nem szokott és káromkodni sem.

Ekkor valami iszonyatos történt, amire élő ember nem számított! Még Jack sem! Amikor megtapasztalta ezt az elviselhetetlen kínt (ami szinte az agyába égett, mint egy rákos, sokkolóan gonosz, lángoló tumor), azt sem tudta hirtelen, mit csináljon. Na, *ennyire* volt ez szörnyű!

Az történt ugyanis, hogy lejöttek a gyerekei a lépcsőn, és a nyakába ugrottak. Közben azt kiabálták, hogy „Apa! Apa!". Teljesen meglepődött ezen, mert még soha nem esett vele meg ilyen!

Más fura dolgok is történtek aznap reggel. Mint például *ez*, ami szinte már kibírhatatlan volt, annyira más, hogy arra nincsenek szavak! Nem lehetne leírni még ezer év alatt sem:

Lejött a felesége is a lépcsőn, akivel húsz éve élt együtt! Micsoda izgalom!

A felesége rohadtul ellenszenvesen nézett rá, és majd' leköpte őt a vén ribanc. (Ő szintén soha nem szokott káromkodni, de én szerencsére megtehetem, mert én találom ki a történetet, így úgy játszom a szereplőkkel, ahogyan csak akarok. Ha szerencsétlen nem mond elég érdekeset magától, akkor majd én rásegítek, hogy hatásosabb legyen. Bármire rá tudok segíteni. Ha egy szereplő nem siet eléggé, akár lökök is rajta egyet, akár vízszintes felületen halad éppen, akár lefelé egy veszélyesen meredek lépcsőn.)

Tehát borzalmas állapotok uralkodtak Jack konyhájában, és egymás után következtek a felkavaró események.

És *ez mind* aznap reggel történt!

Jack számára nemcsak ez a nap kezdődött ennyire megrendítő módon különlegesen, de majdnem mindegyik! Ilyen volt az élete, egy merő izgalom. Ráadásul zseni hírében állt (halkan teszem hozzá).

Ebben a történetben ugyanis (majdnem) mindenki egy valódi zseni. A brilliáns detektív is és a gonosz sorozatgyilkos zseni is, akik mindenáron találkozni akarnak, mert annyira okosak, hogy már csak egymást értik. Szegények ennyire borzasztóan magányosak.

Jack is és az a bizonyos „másik" alak is, akit nem szeretünk!

A detektív már csak azért megy be dolgozni, hogy hallhasson valami újat a gyilkosról, mert más többé amúgy sem érdekli az életben. A magánélete egyébként is odalett (soha nem is volt neki olyan, mert annyira munkamániás és célorientált), a sok stressztől és a bánkódástól pedig, melyet a megoldatlan ügyek borzalmas terhe rakott rá az évek alatt, már kőalkoholista lett szegény. A felesége sem bír többé ránézni, mert nemcsak iszik, de öregszik is, és ráncosodó arccal, őszülő hajjal, türelmetlenül és mogorván, bőrdzsekiben kávézik és cigarettázik, ahelyett, hogy rendesen enne a családjával, mint más jóravaló családapa! Idegesen szürcsöli a kávét, majd lerakja, és ottfelejti, mielőtt befejezte volna, mert annyira csak a gyilkos kiléte foglalkoztatja. Soha nincs egyetlen perce sem, hogy megálljon vagy levegőt vegyen! Évek óta nem volt WC-n sem már.

Az a bizonyos másik ember, aki nem szimpatikus... ő a gyilkos! Johnnak hívják (ami ritka név). A rendőrség „Éjféli Fojtogató" néven emlegeti, ugyanis (meglepő módon) sötét éjjel gyanútlan embereket gyilkol meg teljesen ok nélkül, mégpedig úgy, hogy megfojtja őket rosszindulatból! John is egy zseni, és ő is csak a detektívre gondol. Nem azért, mert annyira vonzó... (Habár tényleg *az* a vén jóképű gazember!), hanem mert ő az *egyetlen* ember, aki ugyanolyan megszállott és precíz a munkájában, mint a gyilkos. Jack, a detektív az egyetlen, akinek John meg akar felelni, és akinek a véleménye még érdekli őt egyáltalán.

Már *csak azért* öl, hogy munkát adjon a nyomozónak, és azért, hogy az véleményt nyilváníthasson az ő rémtetteiről. Az sem érdekli többé, hogy elkapják-e majd miattuk. Manapság már nem is azért gyilkol, mert élvezné, hanem mert csak az tölti el sikerélménnyel, amikor fényképeket készít a bűntényről, és azt elküldheti jelöletlen borítékban a nyomozónak, akinek (merő véletlenségből) pont tudja is az otthoni lakcímét!

Már csak egymásért élnek, minden más megszűnik számukra létezni, még a szex is! Egymással sem szexelnek tehát. Csak azért élnek, hogy egyszer majd találkozhassanak egy végső megmérettetés erejéig, hogy végre eldőljön, ki a jobb a maga munkájában. Ez pedig borzasztóan (már-már zavaróan) izgalmas!

John ekkor már a börtönben ül előzetesben vádlottként (mert azért annyira nem volt okos, hogy ne kapják el), és közli, hogy ő csak annak az embernek tesz vallomást, aki elkapta. Az az egyetlen ember ugyanis, akit tisztel.

De ne menjünk azért ennyire előre!

Egyelőre ott tartottunk, hogy Jack a konyhában áll, és makacsul nem hajlandó reggelizni. Rá is ment már a gyomra. A fekélyének is két helyen van fekélye. Ennyire stresszel! Mert nemcsak zseni és jóképű, de nagyon empatikus is. Minden áldozatot erősen sajnál, és már teljesen tönkrement ebben az óriási szánakozásban. Mivel családja továbbra is borzasztó érdekes és meglepő dolgokat csinál, otthagyja őket a rákba (továbbra sem káromkodva), és bemegy inkább étlen-szomjan dolgozni úgy, hogy egy hete nem aludt, mert úgy jobban megy.

Második fejezet: Egy ügy, ami más, mint a többi

Társa, James, már egy teljes elcseszett órája várt rá (ő szerencsére szintén nem káromkodós típus). James, akárcsak Jack, pont ötvenéves és átlagos testalkatú (mert ez ritka).

Jack fehér, jó külsejű, középkorú férfi, két gyerekkel és feleséggel, akivel húsz éve házasok.

James fekete, jó külsejű, középkorú férfi, két gyerekkel és feleséggel, akivel húsz éve házasok. (Egyáltalán nem hasonlítanak egymásra, mert az túl szokványos lenne, de egyébként bőrszínüket leszámítva pontosan ugyanúgy néznek ki.)

– Jó reggelt, kedves barátom! Nagyon örülök, hogy bejöttél, és időt tudsz szakítani ma a közösen megoldandó ügyünkre. Egyáltalán nem várok régóta – mondta James rohadt dühösen. Hányingere volt már tőle, hogy a másik miért nem szedi össze magát, és hagyja ott végre a hülye feleségét a francba, hogyha ennyire rossz a házassága. És miért nem mond inkább fel, ha nem hajlandó időben bejárni?

– Igazán örülök, hogy nem vársz régóta, drága barátom. Megtiszteltetés veled dolgozni. – Utálta ő is a másikat, mint a szar. – Van valami hírünk a gyilkosról? – kérdezte Jack. Más nem érdekelte ugyanis. Ma is ezért jött be: mert nagyon érdekelte őt a gyilkos kiléte. Meg is kérdezte: – Tudjuk már a gyilkos kilétét? – Erre a kérdésre egészen eddig a napig még nem kapott választ. És ezen a napon sem kapott.

– Megint megölt egy ártatlan embert éjfélkor – mondta ki ezen meglepő szavakat James, a társa, aki szinte maga sem hitte el, hogy ilyen megtörténhet Amerikában, hogy valaki embereket gyilkol.

– Mi?! Már megint?! – ordította Jack ok nélkül. De mivel így hatásosabb a jelenet, ezért még hangosabban folytatta: – Dehát ez az ember állandóan öl! Miért tesz valaki ilyet egyáltalán?! – kérdezte idegesen és bőrkabátban. Rendkívüli módon aggódott az eddigi és az esetleges jövőbeli áldozatok lelki üdvéért, továbbá családjuk nyugalmáért is. Ezért is volt már fekélye a fekélyén.

– Nem tudom – válaszolta James őrjöngve, teljesen indokolatlanul. – De az biztos, hogy ez az ember nem egészséges. Az ilyen személy lelkileg beteg. Valószínűleg nem jóindulatú és nem is teljesen épelméjű. Lehet, hogy őrült és nem jó ember! – James zseniálisan értett a bűnözői profilok elkészítéséhez. Elméleteivel és feltételezéseivel olyan élethű képet tudott adni az elkövetőkről, hogy volt, akit James szakvéleménye alapján egy-két másodperc alatt már le is tartóztattak. Sokakat ki is végeztek közülük azonnal. Nem azért, mert valóban ők voltak a tettesek, hanem mert illett rájuk James „bűnelkövetői profilja".

– Hát, én ilyet még nem hallottam! Őrültek? Gyilkosok? – kérdezte Jack teljesen őszintén, ugyanis tényleg nem hallott még ilyet. Soha senki nem ölt meg még embert azelőtt, és pszichiátriai intézeteket is majd csak ezen események után fognak nyitni Amerikában.

– Van egy ötletem! – ordította feszülten James. – Rakjuk tele a konferenciateremben a táblát rajzszögekkel! Ezentúl, ha megöl valakit a gyilkos, mindig jelöljük meg a gyilkosság helyszínét a térképen! Utána a rajzszögeket összekötjük piros színű fonallal, és ez pontosan megmutatja majd, hogy milyen szisztéma alapján öl a gyilkos! Ez alapján pontosan tudni fogjuk, hogy ki ő, mikor és hol öl, és azt is, hogy hol lakik! Tehát ebből végre meg fogjuk tudni a lakcímét is!

– Zseniális vagy, cimbora! – Mindig is lenézte Jamest a pocsék ötleteiért. – De előbb tartóztassunk le még néhány drogkereskedőt a szomszéd épületben az izgalom kedvéért!

– Én is szeretlek! Menjünk!

*****

Át is mentek a mellettük lévő épületbe letartóztatni valakit. Meglepően hamar oda is értek! (Egy újabb fordulat!) A drogkereskedő épp az ajtó mögött állt, és őket várta fegyverrel a kezében, mert nem volt előre látható, hogy mikor érkezik a rendőrség. Sosem tudta senki!

A két rendőr egyből az ő ajtaja előtt állt meg, és nem is sejtették, hogy a bűnöző pontosan az ajtó mögött áll, őket várva!

– Ott van, uram? Ha igen, kérem, álljon meg egy pillanatra – ordította Jack magából kikelve a rohadék, aljas drogkereskedőnek!

– Már állok. Épp önöket vártam, drága uraim – sikoltotta az a haját tépve az ajtó mögül. Alig várta az aljadék, hogy lelőhesse őket pisztollyal. Bele az arcukba a sok rohadt golyót, hogy meghaljanak végre egy életre!

– Akkor, kérjük, maradjon is ott, és várja meg munkatársunk mihamarabbi érkezését – óbégatott James. Gyűlölte a tetves, szar drogosokat meg azokat is, akik árulták azt a káros, veszélyes szemetet!

Olyannyira, hogy ezt az alakot már *le sem akarta* tartóztatni. Egyszerűen nem érdemelte meg az a fickó, hogy tovább foglalkozzanak vele. Visszamentek hát az irodába, és tovább dolgoztak a gyilkossági ügyön...

Egy olyan ügyön, amibe mások már beleőszültek volna, mert *annyira* sokkoló!

– Hol vannak akkor azok a rajzszögek? – suttogta Jack azért, hogy izgalmat keltsen és váratlan feszültséget, ami megrendít bizonyos embereket, másoknak pedig megindítja a belső fantáziáját.

– Itt vannak, már ki is tűztem hármat! Na, látod akkor, hogy hol lakik? – kérdezte James igazi rendőrnyomozóként, ugyanis nemcsak úgy tett, mint, aki az, de valóban konkrét végzettsége és papírja is volt erről.

– Igen, úgy látom, Johnnak hívják! – kiáltotta Jack többéves szakmai tapasztalatból kiindulva. – És itt lakik, pont két utcával arrébb!

Mentek is (Vágtat már a cselekmény!), hogy letartóztassák! Így került hát a végén John börtönbe, letartóztatás által, ugyanis a rendőrök embereket tartóztatnak le, amikor például egy bűnelkövető megöl valakit. Szokták is mondani, hogy „ön le van tartóztatva", amikor ilyeneket csinálnak. Ezt olyankor mondják, amikor gyilkosság történik, és aztán a nyomozás végén jogosan tartóztatják le a férfit. (De van, hogy nőket is letartóztatnak, ha ahhoz van kedvük, aztán később úgyis kiderül, hogy elkövetettek-e egyáltalán valamit, vagy sem.) Másokat is szoktak letartóztatni, például bűnözőket, akik épp menekülőben vannak. Nekik általában azt mondják, hogy „Álljon meg!". Azok ugyanis gyáván elfutnak a tett színhelyéről! Egyik sem várja meg a rendőrséget, pedig kötelesek lennének, sőt, be is kéne jelenteniük a bűntényt.

Amikor valaki elkövet valamit, például bolti lopást, köteles lenne feladni magát a rendőrségen, ugyanis a lopás bűncselekmény. Ennek bejelentése pedig állampolgári kötelesség.

Tehát, amelyik bűnelkövető nem jelenti be, hogy illegális dolgot tett, az újabb bűncselekményt követ el. Civilek számára nem egyszerű átlátni az ilyen törvényekkel kapcsolatos bonyolult ügymeneteket, szakkifejezéseket és jogi huzavonát, de mindez valóban így van. Ez a kötet azért is íródott, hogy végre tisztába tegyen ilyen alapvető kérdéseket, amelyek minden embert születése óta foglalkoztatnak.

A bejelentési kötelezettség tehát az olyan esetekre is ugyanúgy érvényes, amikor a bűnöző legjobb barátja vagy vér szerinti anyja követ el illegális cselekedetet. Azt a személyt (például a bűnöző legjobb anyját vagy vér szerinti ismerősét) is köteles lenne feljelenteni bűntett elkövetésének súlyos vádjával. Ilyenkor a szóban forgó barátokat meg a vér szerinti hozzátartozónak látszó személyeket is letartóztatják bűncselekmény elkövetéséért, mert ugye azok csak nem jelentették azt be!

Ezt az állampolgári kötelességet bizony gyakran elmulasztják a bűnözők, és ezért általában egyre tovább súlyosbodik, tetéződik ocsmány bűnlajstromuk. Nem azért, mert embereket ölnek, hanem azért, mert nem jelentik be utána! Mindenki köteles bejelenteni a gyilkosságot. Maga az elkövető is köteles lenne. Nemcsak a tett után, hanem már előtte is, hogy mire készül. Ezt mégis sokan elmulasztják. Szándékosan! Micsoda emberek vannak! Ki látott már ilyet?!

Jacknek ebből volt a leginkább elege. Senkit sem lehetett csak úgy elkapni! Pedig még mentek is, hogy azonnal letartóztassák! Így került hát a sorozatgyilkos a végén börtönbe.

De *az nem most volt!*

Jack nem kapta el a sorozatgyilkost! Pedig már annyira izgalmas kezdett lenni, hogy megvan a címe, nem?

De hát akkor hogyhogy nem kapták el végül?

Azért, mert *mégsem* ott lakott!

Harmadik fejezetet: Egy beteg ember őrülete

John illegális módon, szándékosan rossz lakcímet jelentett be a hivatalos, helyi hatósági hivatalban, azért, hogy mindenkit jogtalanul félrevezessen. Rosszindulatú volt, és azt akarta, hogy ne találják meg, még akkor sem, ha gyilkosságot követett el aljasságból! Nem is találták meg aznap, és ezzel sok embernek ártott, aki nyomorult módon csak a munkáját próbálta végezni. Sőt, talán sosem fogják megtalálni, mert John túl intelligens ahhoz, hogy bárki letartóztathassa. Bűncselekményeit sem jelenti be általában. Nemcsak előre, de ravasz módon még a bűtény elkövetése *után* sem. (Így már azért érthető, hogy ez miért nem korrekt dolog, ugye? Mivel korábban már szakszerűen el lett magyarázva! És mi még túlmagyarázottnak és kicsit öncélúnak éreztük! Pedig anélkül most nem értettük volna meg ezt a fontos, szakkifejezésekkel teli részt!)

John tehát nem volt az a könnyen letartóztatható típus, pedig rengeteg bűncselekményt elkövetett, ugyanis már régóta számított őrültnek és gonosznak! Egy ideje némileg hazugnak is.

Például akkor is az volt már, amikor először lopott. Ezt emlegették az összes létező közül az egyik legundorítóbb történeteként. Aljas, elítélendő dolgokat csinált közben és utána is.

Ezt inkább akkor hagyjuk is!

Viszont ott volt helyette az, amikor először ölt:

Egyik éjszaka egy szép, hosszú hajú, bájos mosolyú, tipikus, vékony, nőies nő (nem volt átlagos) éppen az utcán sétált, és egyáltalán nem számított rá, hogy baj éri. Hiszen ki bántaná éjjel tíz órakor Harlemben, teljesen egyedül és félmeztelenül, olyan külsővel, mint egy modell, olyan kézitáskával, amire az van nagy betűkkel írva, hogy „ölj meg" és olyan nadrágban, amire célkeresztek vannak rajzolva? Valószínűleg normális esetben senki, de John *épp* ott volt egy árokban fekve, és pontosan tudta, hogy a nő arra fog sétálni! Évek óta készült már erre, hogy ebben a konkrét utcában erre jön majd egy ilyen nő pontosan ekkor! Egy olyan gyanútlan, gyönyörű nő, aki sosem számítana arra, hogy megölik! *Évek óta* várt már itt John fekve!

És *akkor* meg véletlenül, nem pontosan erre jön egy ilyen?! El sem hitte, hogy ilyen szerencséje van!

Sikerült tehát a terve, és azonnal neki is látott, hogy kegyetlenül megölje a nőt és ártson neki vele!

Taszító módon csapkodva és visongva ráugrott a nőre, hogy az féljen most így éjszaka a sötétben! John szőrösnek tettette magát, mert a nők attól még jobban félnek. Közben izzadt is, mert azt a gyanútlan, vékony hölgyek undorítónak tartják. A nők nem izzadnak, de John akkor is izzadt, mert őrült volt és becstelen. A legundorítóbb helyeken is szőre nőtt, még olyan helyeken is, ahol aztán tényleg már gusztustalan. A nőben félelmet is keltett, amikor szembesült mindezzel a szörnyűséggel. Ezt John abból sejtette, hogy a nő ordított a félelemtől! John ekkor már annyira felindult volt a perverziótól, hogy nem is várt tovább, inkább elkezdte fojtogatni egy iszonyatosan hosszú és kellemetlen zsinórral! A nő továbbra is rikoltozott, mint egy megvadult állat, akit épp ölnek. Rettegett már, mint aki kiabál éjszaka, mert sötét van! Hosszú, dús hajzata lobogott a fájdalomtól. Puha, érzéki ajkai szinte csattogtak a megrendültségtől. Félmeztelen teste magatehetetlenül hevert és sodródott mindenfelé. Lábai szétfeszítve lógtak odafentről. De lentről is! Minden tele volt a holttestével, ennyire volt ocsmány módon halott!

És gyilkosának ez még mind kevésnek bizonyult, mert csillapíthatatlan volt a vágya ilyenkor éjnek évadján! Perverzióit már semmi sem tudta enyhíteni. A várakozás sem. Ezért sem várt tovább, mert ölni akart, hajtotta a vére a rosszra! Ekkor ölte meg végül, mert már nem bírta tovább húzni a beteges kéjt, amit *odalent* érzett, ahol még állítólag szőr is nő. Undorító ember volt. És aljas. De ezt tudjuk is róla.

A hullákat is már majdnem megerőszakolta a végén! Ki hallott olyanról?!

Olyasmit nem is tett végül, mert nem illik ilyeneket csinálni.

John tehát rengeteg mindent tett a holttestekkel. Mindent, amit csak el lehet képzelni, azon kívül, hogy megerőszakolta volna őket. Például felöltöztette őket szép ruhákba, hogy utána megerőszakolhassa őket, de végül nem tette meg! Vagy olyan is volt, amikor ő maga vetkőzött le, hogy megtegye teljesen meztelenül, de végül csak azért sem tette meg! Bizonyos alkalmakkor még állatokat is beöltöztetett pontosan ehhez a dologhoz, de senkit sem bántott végül! Még meztelenül sem!

Ilyen és ehhez hasonlókat művelt a földön heverő asszonyok testével, akik csak feküdtek, és *bármit* megtehetett volna velük! Volt, amelyik a levegőben lógott meztelenül. De olyan is akadt, amelyik a patakban hevert valahol messze. Tele volt velük az egész környék!

Találtak egyszer még egy olyat is, aki a végén már nem élt!

A rendőrség munkáját az sem könnyítette meg, hogy úgy tudták, John minden áldozata teljesen más típusú nő egytől egyig! Mindegyik hosszú hajú és szép, teljesen másképp, mint az előző. Egyik sem volt átlagos teremtés. Máshogy hívták őket, olyan különböző neveken, amelyeket csak naptárakban látni! John mindegyik nevére emlékezett külön-külön. Mégsem akarta őket felsorolni, mert inkább megtartotta magának az egészet!

John mindegyiküket meg is erőszakolta konkrétan a gyilkosság *után*, de abba, hogy ezt a gyilkosság előtt vagy után tette-e meg, most ne menjünk bele, mert nem illik! Ilyesmiről nem szokás írni. De ettől függetlenül mindet konkrétan a gyilkosság *után* erőszakolta meg.

Hogy is tehette? Egy élő, jó külsejű nőt, akinek a haja is hosszú, meg lehet erőszakolni bármikor (habár ez bűncselekménynek számít a törvény szerint), de ugyanennek a nőnek a teljesen halott, ruhátlan testét nem szokás bántani, mert az már illetlenség lenne! Az ilyesmi undorító. Akár le is tartóztathatták volna érte Johnt, hogy ilyen ocsmányságokat művel, de őt az sem érdekelte, mert hajtotta a beteges őrület, hogy ártson másoknak! Bármikor letartóztathatták volna, ha észreveszik, hogy megölt valakit, és bántott egy ártatlan embert. Mégsem félt tőle, hogy elkapják, mert műveltebb volt, mint a legtöbb rendőr, és tanultabb is. Egy ilyen embert lehetetlenség elkapni, mert túl intelligens! Tehát bármit megtehet ezek szerint. Meg is tette!

Ekkor már nemcsak a nőknek akart minden áron ártani akár azzal, hogy szőrösödött bizonyos helyeken, hanem a rendőrségnek is, úgy, hogy holttesteket hurcolt el olyan helyekre, ahol aztán már nem tudták őket könnyen megtalálni!

Pedig a rendőrség olyan szintű csapatokat és haderőket vetett be a kutatáshoz, mint akár a rendőrség vagy maga a hadsereg! Már mindenhol keresték a nők holttesteit, hogy a gyilkos ne tudja őket többé megerőszakolni (az ugyanis nem lett volna már illendő), de még a legképzettebb katonák sem voltak képesek fémdetektorral megtalálni a meztelen nők testét. (Valószínűleg azért sem, mert nem fémből voltak.) Pedig ők is látni akarták ám a ruhátlan, halott nőket kíváncsiságból, hogy jól megnézzék maguknak, de mégsem találták őket sehol! A gyilkos eldugta a testeket a lakosság, a rendőrség, sőt még hadsereg kutató szemei elől is, hogy ne lássák! Pedig mindenki látta volna szíve szerint! Ő mégis magának akarta az összes női holttestet irigy módon, hogy csak ő nézhesse őket meztelenül. Ezért is ölte meg őket. Beteges perverzióból, olyan szintű ferde hajlamoktól hajtva, amire már csak egy elmebajos lehetne képes!

Jack volt az egyetlen, aki átlátott a gyilkos módszerein, mivel ő volt az egyedüli, aki nem ugyanolyan, nem mindennapi intelligenciával bírt! Titokban, burkolt módon már régóta zseni volt ugyanis! Ő a gyilkos perverzión is átlátott, és az őrületen is, mert dörzsölt volt és ravasz. Akár egy vén róka! És öregedett is már. Kollégái egyszer mondták is neki meglepő módon, hogy olyan, mint egy vén róka, de őt ez nem érdekelte, és nem is hitt nekik! Oda sem figyelt rájuk, mert magányos farkas volt! Egy igazi vén farkas, aki mindig egyedül dolgozik, mert a társak úgyis csak elhullanak mellőle!

Egy napon Jack megtalálta az egyik női testet, mert rengeteget nyomozott érte, hogy ráleljen. Így hát meglepő módon végül rá is talált. És olyasmit látott akkor, ami minden várakozást felülmúlt! Hihetetlen volt, egyszerre undorító és izgató:

A női testet ugyanis nem takarta semmilyen ruha! Teljesen meztelen volt, és nem élt már! Nyomozóként ilyet még soha életében nem látott ötven teljes év alatt! Soha! De előtte sem!

Fel is hívta azonnal a kollégáit a New York-i Rendőrségnél és a hadsereget is. Mindenkinek elmondta, hogy mit látott, azok pedig nem értették az egészet. Nem tudták, hogyan lehetséges ez? Pedig ő elmondta! De *mióta* mondta már ő nekik! Korábban is megtette ugyanis, hogy elmesélte telefonon, de azok egyszerűen nem hitték el.

Pedig ő évek óta tudta, hogy ez lesz, mert egy igazi vén róka volt, bőrkabátban cigarettázva. Rengeteg kávét ivott, és kiábrándult a világból, mert aggódott. Felesége sem bírt már ránézni, mert „hazavitte" a munkáját, és a végén pontosan ettől kapott fekélyt! (Most már legalább jobban lehet érteni a karakterét itt, ebben a részben, mert végre el lett magyarázva, hogy mitől kapta annak idején a fekélyt.) A rengeteg stressztől kapta tehát a fekélyt a vén magányos farkas, amit a sok éven át tartó aggodalom okozott neki váratlanul és ártalmasan!

Negyedik fejezet: Egy őrült jó zsaru

Tehát kizárólag ő volt az egyetlen, aki megtalálta az egyik áldozatot. Órákon át nézte, és mégsem értette, hogyan lehet meztelen? És ráadásul még halott is? Ki képes ilyet tenni? Hogy lehet az ilyen ember *jóindulatú*, aki ilyesmire képes? Lehet, hogy talán nem az? Másképp hogyan is tehetett volna ilyet? Egy jó ember soha nem ölne meg senkit, és pláne nem vetkőztetné le utána! Ezt ő rendőrnyomozóként pontosan tudta. Az ilyeneket a rendőrakadémián is tanulták már hosszú évekkel ezelőtt. Ezért is látta hát át pontosan a gyilkos módszereit és gondolkodásmódját. Jobban, mint *az saját magának*! (Akár odalent, ahol szőrös volt neki.) Mert Jack pontosan tudta, milyen az! (Mert neki is volt.)

El is határozta hát, hogy tovább nyomoz ez ügyben, és megtudja, mi hajtja a gyilkost. Mi viszi rá erre az egészre, hogy ilyeneket csináljon? Tudni akarta, mi a gyilkos fixa ideája, mi a „mozgatórugója", ami ilyen és ehhez hasonló tettekre buzdítja végül? Mi az, amitől „kattan", és amitől „beugrik neki" valami? Mi lehet az, amire „rájár" az agya? Vagy mi az, amitől teljesen „beindul", vagy amitől végül teljesen „bekattan"?

De a gyilkos megelőzte őt ebben! Mert *az* előbb tudta meg, hogy Jack agya mire „jár"! És ezzel évek óta teljesen visszaélt! Ez okozta Jacknek a fekélyt! (De ebbe most már tényleg ne menjünk bele újra, hogy mi okozta, mert korábban le lett írva százszor!)

Jack fekélyét tehát a szörnyű bűntudat okozta, amiért rájöttek végső titkára azzal kapcsolatban, hogy mire „jár" az agya, amikor dolgozik, és csak úgy „elvan" munka közben. Ez lett hát a „veszte"!

John egyik nap eldöntötte ugyanis, hogy most a nyomozót öli meg majd éjfélkor aljasságból! Azaz Jacket, a rendőrt fogja ezúttal meggyilkolni fizikailag, azaz a főszereplőt! (Ha esetleg nem lenne érhető, hogy kiről van szó.)

– Eljött a végső idő! – ordította magában John kiszámíthatatlanul és kérlelhetetlenül. – Halál reád! – üvöltött tovább. Állandóan ordított, amikor csak tehette. Számít az, hogy miért? Egyszerűen csak csinálta, és kész!

Megtervezte tehát jó előre az egészet, hogy a másik ne számítson rá. Váratlanul is érte Jacket, hisz honnan tudhatott volna róla előre, ha egyszer a másik szándékosan nem szólt róla?

John eltervezte, hogy perecárusnak öltözik, és a gyerekajtón megy majd be a rendőrségre. Ott aztán megmérgezi az egész bandát! Abból majd tanulnak! A zseniális terv odáig működött is volna, hogy beöltözik perecárusnak, csakhogy arra egyáltalán nem számított, hogy gyerekajtót nem talál arrafelé! Egy sem volt belőle. Azaz akadt rengeteg, csak egy sem volt *nyitva* épp akkor, délután három óra negyvennégy perckor.

Jack zárta be őket, ugyanis *megérezte* a veszélyt egyfajta hatodik érzéknek köszönhetően, amiről még eddig nem esett említés. (De itt már több az izgalom, ezért indokolttá vált, hogy ez a képessége is végre ki legyen mondva, ne csak mindig az a rohadt fekély, amiről már senki nem tudja, hogy mi okozhatta neki annak idején.)

A kétségbeesés okozta neki. Mert régóta nem tudta elkapni az Éjféli Fojtogatót, aki éjfélkor öl.

Ezúttal viszont mindent elkövetett annak érdekében, hogy sikerüljön:

Minden gyerekajtót gondosan bezárt a rendőrségen, sőt még politikai hivatalokban is, ahol hivatalnokok dolgoznak. De a gyilkost még így sem kapta el. Pedig komoly helyeken is járt! Embereket vádolt ott meg súlyos vádakkal! Még az elnököt is!

Ő is lehetett volna, nem? Szerinte végül is igen.

A saját feleségét is bebörtönözte évekre, de ez sem segített. Valamely okból nem ő volt az! Ez persze mind később derült ki, miután már nagyon régóta nyomozott az ügyben, és sok embert kellett aljas módon bevádolnia ok nélkül.

A gyilkos sok idő elteltével, amikor már semmiképp nem voltak képesek elfogni, pecázó embernek adta ki magát egy tóparton.

Mindenki elhitte, hogy pecázik, mert napok óta állt már ott, és közben halakat fogott. Az elnök sem számított rá, hogy ő az! Pont mellette állt, és ő is pecázott, mert senki sem gondolta volna, hogy ő az! (Mármint a gyilkos az!)

John pedig pontosan tudta, hogy ez lesz. Ezért választotta a bosszúnak ezt a lassú, édes formáját: pecabottal akarta agyonverni az elnököt! (Az elnököt! Mert pecabot volt nála, és össze akarta verni vele, hogy végleg belehaljon!)

El is kezdte ütlegelni, és ez az elnöknek szemmel láthatóan nem esett jól. Mutatta is, hogy nem tetszik neki: dühösen nézett magából kifelé nagy felindultsággal.

Ennek ellenére John jól szórakozott, nem zavarta az elnöknek ez a heves ellenállása sem, mert örült neki, hogy a másiknak fájdalmat okozhat. Szeretett szenvedést okozni, mert beteg volt és szadista. Fel is jelentették érte nem egyszer, amikor bébikutyákat kínzott eldugott sikátorokban még annak idején, amikor még csak lopott. Letartóztatni viszont sosem sikerült, mert túlzottan őrült volt, és a rendőrök megijedtek tőle. Inkább minden alkalommal elengedték, mert biztosra akartak menni, hogy nekik nem esik bántódásuk. Elvégre semmilyen rendőr felesége nem akar arra hazamenni, hogy a férje holtan várja odahaza!

Továbbá egy rendőr sem akar holtan ébredni másnap reggel, ha munkába kéne mennie!

Ezért inkább úgy vannak vele, hogy csak azt tartóztatják le, aki udvariasan és készségesen hajlandó önként börtönbe vonulni. Adott esetben pedig fel is akasztja magát, mert az túl lehangoló, így senki sem vállalja. Ezért sincsenek már hóhérok akkor, amikor ez a történet játszódik. (Hogy mikor játszódik ez a történet, az sajnos nem ebben a részben fog kiderülni, hanem a második rész második oldalán. Az is ott fog kiderülni, hogy mi okozta Jack hasnyálmirigy-gyulladását, amit a stressz okozott neki.)

John már jó nyolc perce ütötte az elnököt egyszerre két horgászbottal (mert volt nála egy tartalék is, pontosan az ilyen esetekre, ha váratlanul elnök érkezne a helyszínre).

Az elnök egyik testőrében ekkor felmerült, hogy valami itt nincs rendjén! Úgy látta, hogy egy ember már nyolc perce üti az elnököt ok nélkül egy horgászbottal (néha kettővel egyszerre pillangóúszáshoz hasonló mozdulatokkal, színpadiasan, mint egy balettművész), és ez elképzelhető, hogy nem törvényes! A testőr szerint legalábbis lehet, hogy nem volt az. Eldöntötte, hogy hamarosan, néhány óra leforgása után értesíteni fogja a többieket, sőt, talán még a hadsereget is, de végül megfeledkezett az egészről, és inkább hazament aludni. Aztán meg is halt öregségben negyvenhárom év múlva.

Visszatérve az izgalmas helyszínre:

John ekkor már nemcsak horgászbotokkal ütlegelte az elnököt, de elkezdett apró horgokat is akasztani a bőrébe, az ugyanis lényegesen jobban fáj! Mivel a horgászbotnak ugye nincs saját horga (végül is csak egy hülye bot, nem?), azaz nem lehet beleakasztani csak úgy a bőrbe, hogy szúrjon és kellemetlenül csípjen a seb körül! Ezáltal a horgászbot nem is olyan jó fegyver. Püfölhetünk vele órákon át elhízott embereket vagy akár visszamaradott kutyákat is, lehet, hogy egyik sem fog meghalni az elengedhetetlen fontosságú horog hiánya miatt. Na, ezért nem lehet pecabottal ölni!

Azaz éppen lehet... Jack tudna, hisz képzett rendőrnyomozó, *John viszont* nem az, és ő így képtelen rá.

A gyilkos másik kezével az elmúlt napokban kifogott halakat tömködte le az elnök torkán, hogy ne tudjon közbeszólni. Az ugyanis még mindig dühösen nézett. Várható volt, hogy előbb-utóbb megszólal, és mondani akar valamit! John ezt nem engedhette, mert akkor még a végén lelkiismeretfurdalása támad, mert beszédbe elegyedett az áldozattal!

Ekkor az elnök másik embere is meglátta ezt az egészet, és komolyan gondolkodóba esett: Még soha nem volt erre példa, hogy az elnököt hallal etessék! Ráadásul élőkkel! Komolyan végiggondolta annak lehetőségét, hogy rászóljon az illetőre, de végül rájött, hogy nem akar. Később neki is eszébe jutott, hogy az elnök esetleg vészhelyzetben is lehet, és az egész világ felrobbanhat a kozmosszal együtt, ha nem lép közbe!

De végül elaludt, és összegömbölyödve odakucorodott az elnöki limuzin mellé kiscicapózban.

John ekkor már nyúzni kezdte az elnököt, és egyszerre fojtogatta is, hogy ne kapjon levegőt, miközben nincs bőre. Horgászzsinórral fojtogatta, mert az csúnyább nyomott hagy, mint az olcsó, koszszínű spárga. Másik kezében krumplihámozóval kisebb darabokban lehántotta az elnök bőrét. Nem akart nagyon előre szaladni ezzel az egésszel, mert akkor lehet, hogy a végén még megsérült volna a másik. Így csak kis darabokat gyalult le, hogy a sértett ne vegye észre.

Ekkor jött el a végső, világrengető fordulat!

Az elnök utolsó, harmadik embere is észrevette, mi történik! Egy méterre állt tőlük, és már tizenöt perce hallgatta a sírást és jajveszékelést. Végig is nézte az egészet, csak nem tűnt fel neki, hogy baj van. Egész idáig! De most feltűnt! Rendesen! Nézte is, hogy mi van, de nem igazán jött rá, mert nem látta és nem is értette az egészet. De a lényeg, hogy *feltűnt* neki! (Ez egy jó kiindulópont, ha izgalmas, fordulatos cselekményt akarunk.) Innen viszont nem jutott tovább soha. Ott halt meg harmincnégy év múlva álltó helyében, értetlenül.

Ismét vissza a hullámvasút-szerűen izgalmas és gyomorforgató valóságba:

Az elnök ekkor épp most halt meg másodszor. John egyszer már megfojtotta, de rájött, hogy perverziója miatt még nem képes elengedni „kedvesét", így hát lopott egy defibrillátort (szerencsére pont ott állt egy mentőautó tizenöt centiméterre tőlük), és újraélesztette a szegény, árva kölyökkutyára emlékeztető pofácskájú kis elnököt! Az a nyomorult már örült, hogy végre meghalhat, mert annyira fájt neki, hogy megetették hallal! De John nem engedte, hogy végre örök nyugalomra leljen a szerencsétlen, szánalomra méltó, idősödő, magatehetetlen férfi:

Épp nekilátott volna, hogy a sikeres újraélesztés után ismét megölje (ezúttal egy kihegyezett dinnyével), de ekkor érkezett meg Jack, a vén ravasz farkas, mind a négy természetfeletti képességével! (Valójában nem egy természetfeletti hatodik érzéke volt, hanem négy, de ezekre most nem térünk ki, mert megtörné ezt a zseniálisan legombolyított, vágtázó, pergő cselekményt.)

Ötödik fejezet: A végső megmérettetés

Jack végszóra érkezett meg a helyszínre. Egész odáig a rendőrség tehetetlen volt! Vagy ötven rendőrautó állt pár méterre a helyszíntől, de egyik sem mert közelebb jönni, mert akkor még a végén megakadályozták volna, hogy a főszereplő megverekedhessen a főgonosszal! (Ugyanis csak akkor kapnak fizetést a rendezőtől, ha nem szólnak közbe, és hagyják az ismertebb színészeket dolgozni.)

Jack megérkezett hát, és ledobta a sárba háromezer dolláros bőrdzsekijét. Ilyenkor ugyanis úgysem számít, hogy nincs más ruhája, amit felvehetne. Az sem számít, hogy nincs alatta semmi, mert ez volt az egyetlen ruhája, amit még fürdéshez sem szokott levenni. Most mégis odalett. Van ilyen. Kit érdekel!

Félmeztelenül, iszonyatosan kigyúrva elkezdték méregetni egymást a gyilkossal. Úgy köröztek, peckesen járva, rengő izmokkal egymástól tisztes távolságban maradva, mint két ivarérett párduc dugás előtt.

Az eső meg úgy esett közben, mintha dézsából öntenék! Az, hogy mikor kezdett el ennyire esni, vagy mikor kezdett el egyáltalán, most nem érdekes! Azért is esett az eső, mert így még látványosabb a végső verekedés a két legfontosabb szereplő között. Az ugyanis baromi unalmas, ha csak a száraz porban odaverik egymás arcát a kőkemény betonhoz, és dől a vérük. Kit érdekel az olyan szar jelenet? (Ezt nem a szereplők mondják most, hanem én, mert ők a cenzúrázás miatt sosem káromkodnak, de én megtehetem, mert ebben a történetben mindenható vagyok, és egyébként is.)

Tehát ez a végső, horribilis, agyforgató és idegszaggató verekedés most nem a vacak és unalmas porban játszódott, hanem a fröcskölő, ádáz, veszélyes esőben, amitől *minden* vizes lesz! (Mennyire más most már így az egész jelenet, ugye?)

Jack zavarba ejtően kigyúrt testével (Ami a bőrkabátban egyébként nem látszott annak, mivel abban konkrétan hetvenöt kilós volt, most viszont az eső miatt inkább százöt kilósnak látszik! De az is lehet, hogy rá van kicsit segítve a dologra computergrafikával.) ráugrik a szintén kigyúrt gyilkosra, aki azóta valahogy szintén félmeztelen lett. Hogy miért, az nem lényeges. (Ne menjünk bele a részletekbe, mert akkor ilyen elven azt is megkérdezhetnék, hogy hová lett az elnök?!)

Összecsapott hát a két irdatlan titán, a két jóképű behemót! Akkorákat csaptak egymásra, hogy több rendőrautó is elrepült a közelükből, csupán az ütéseik okozta huzat miatt! Na jó, lehet, hogy ezeket igazából köteleken rántották el a kellékesek, és nem valódi, működőképes autók voltak, hanem üres kasznik, de akkor is számít!

Szóval már borzalmasan nagyszabású volt a verekedés, többen ott helyben el is hányták magukat az izgalomtól. Főleg a nők. Az sokkal megrázóbb. Kit érdekel, ha egy kopaszodó, dagadt, középkorú postás lábszáron okádja magát a stressztől? Ha viszont egy fotómodell szépségű kis teremtés hány úgy, mint egy beteg, haldokló kutya, na az már valami!

Jack bicepszből kiemelt egy lebetonozott parkolóórát, és ütni kezdte vele a gyilkos száját. Azzal a végével, amiben *az aprópénz* van! (Hoppá!) A rengeteg pirinyó kis fémérme ugyanis csúnyán felsérti az első két metsző fog közötti ínydarabot! John (az őrült vadállat) ezt évek óta tudta, úgyhogy hónapokkal előre elhajolt a végzetes csapás elől! (Nem hiába gyúrta magát Tibetben kettő évig.) Közben már a rendőrök is lőtték, pedig tudták, hogy ezzel búcsút mondhatnak a fizetésüknek! Hiszen a főszereplőnek kell ronggyá vernie a gyilkost!

Nem lőheti le csak úgy egy névtelen nulla rendőr, akinek még nem volt szöveges szerepe sem eddig! De szerencsére túl ügyetlennek bizonyultak. Hiába lőtték húszan közvetlen közelről a percek óta egyhelyben álló Johnt, valamiért senki sem találta el! Valószínűleg azért, mert már előre így volt megírva a jelenet, hogy a főgonoszt csak a jóképű főszereplő verheti meg.

Már több kilónyi töltényt rálőttek, de mind ártalmatlanul hullott a földre több ezer méterre a helyszíntől. Rájöttek hát a rendőrök, hogy felesleges is lőniük már, mert egyrészt az összes kellékpisztolyban valószínűleg vaktöltény van, másrészről pedig Jack a legfontosabb szereplő, és ők is jobban járnak, ha inkább csak nézik a harcot. Ezáltal is több szerep juthat nekik, mert akkor az arcukat is közelről mutathatja a kamera.

Közelebb is jöttek az eseményekhez! Az egyikük neve Mike volt. (Na tessék! Ugye? Máris több szerepe van így, hogy közelebb jött! Most már tudjuk például a nevét is. Az aranyérműtétjéről viszont most nem esik említés, majd inkább a következő epizódban!)

Most már mindenki egy emberként tapsolt és drukkolt a két egymást püfölő izomhegynek. Jack természetesen borzasztóan szabályosan verekedett, mint egy igazi angol lord, a gyilkos pedig undorítóan aljas trükköket vetett be, mert ugye egy gonosz ember rugdosódni sem képes normálisan.

Jack orbitális ütést vitt be a másik szügyébe. Ettől az egyből összecsuklott, és három liter vért köpött ki a hófehér rendőrautó oldalára. (A rendőrautók nem hófehérek, de a jelenet kedvéért ide tettek egyet, hogy a vér sokkolóan hasson, amikor majd műanyagvödörből ráöntik.)

John a fájdalomtól erősen összegörnyedt, és próbált pihenni kicsit, hogy hátha ezalatt visszatermelődik a súlyos vérvesztesége. Több litert vesztett már ugyanis. Próbált édességet enni, utána vörösbort is inni, mert abban állítólag sok vas van, de csak nem termelődtek a vörösvértestek! Megelégelte tehát ezt a kilátástalan harcot, és úgy tettette, mintha nagyon el lenne keseredve. Ilyen aljas trükkre soha senki nem számít!

Előre görnyedve sírni kezdett, mint egy szűzlány nagyszüretkor! Jack azonnal megsajnálta, és máris odaszaladt, hogy segítő kezet nyújtson a nyomorult, harcban megcsömörlött embernek. Akár szájon is csókolta volna, mert annyira jóindulatú volt, és őszintén megszánta a tehetetlenül hánykolódó, magába roskadt férfit.

A másik, Jack jóindulatát ravaszul kihasználva, egy szörnyű adag port szórt ekkor a nyomozó szemébe, amit már percek óta tartogatott röhögve a markában! Abba, hogy honnan szedett egyáltalán port a zuhogó esőben, most ne menjünk bele. (A kellékesektől kapta tizenegy perccel ezelőtt.)

Jack az arcához kapott fájdalmában, ugyanis iszonyatos kín az, amikor az embernek poros lesz a képe! Még a szájába is ment néhány homokszem! Úgy szúrták a torkát azok az éles homokszemek, mintha kötőtűkkel döfködték volna az iszonyatosan tekergő nyelőcsövét! Ettől pedig egyből erősen fuldokolni is kezdett, és súlyosan köhögött. (Ugyanis amikor valaki rosszul van – például fáj a lábkörme –, akkor egyből látványosan köhögni kell, mert az jól mutat a jelenetekben. Azzal a néző és olvasó is rögtön együtt tud érezni. Akkor együtt lehet zokogni a főszereplővel, hogy „biztos rákja van a szerencsétlennek! Mi lesz így vele? Ebbe biztos belehal!")

Jack tehát harsány, ripacs köhögéssel fuldoklott, értetlen arccal, hogy hogyan volt képes a másik port dobni rá? Mert az, hogy megölt már vagy harminc embert, még nem indok rá, hogy porral dobálózzon! Az ilyesmin meg kell lepődni ilyenkor, és egyáltalán nem klisé tőle a jelenet. Ugyanis az, hogy órák óta verekszenek már, aminek mindenképp halál lesz a vége, önmagában nem eléggé veszélyes vagy szándékos egyik fél részéről sem. Ahhoz, hogy az ember feltételezze, hogy a másik esetleg meg is dobja valamivel, nem elég szabályosan úgy torkon verni az ellenfelet, hogy belehaljon, vagy úgy alárúgni, hogy egy életre impotens legyen. Ez így mind teljesen korrekt és megalapozott! Ilyenek alapján az ember nem tételez fel rosszindulatot, mert ehhez hasonlók még akár a postán, sorban állás közben is megeshetnek bárkivel.

Olyasmivel hadonászni viszont, ami képes *megkönnyeztetni* a másikat?! Na, álljunk már meg egy kicsit! Azért mindennek van határa!

Szerencsére Jack (a főszereplő, akiről ez az egész történet szól, aki évek óta rendőrként dolgozik) nem adta magát olyan könnyen. Máskor is dobtak már port az arcára (például Vietnámban, ahol halomra lőtte a kínaiakat vagy kiket), és ő bizony azt is túlélte! Dobtak neki már ennél több port is a pofájába, amikor a vietkongok élve eltemették hét méter mélyen, hogy abból okuljon! Okult is, mert kiugrott belőle az évek alatt felgyúrt combizmaival!

John, a gyilkos nem volt rá felkészülve, hogy egy olyan vén magányos, hasnyálmirigy-gyulladásos vietnámi veteránnal találkozik, akit nem érdekel a por, és kenguruszerű lábizmokkal rendelkezik! John naivan, dolga végeztével (hogy ismét ő nyert) épp öltözködött, hogy hazamenjen. Több embertől el is köszönt már!

Jack ekkor tért magához az órákig tartó iszonyatos, por okozta kábaságból! Miután lepergett előtte az egész gyerekkora (amikor Japánban feledzette egy öreg mester, és megtanította vakon közlekedni a mocsárban éjfélkor), magához tért, és előrelendült, hogy por ide vagy oda, de most végső csapást mérjen ellenfelére!

John ekkor már hazafelé sétált, de még nem volt elég messze hozzá, hogy a másik tigrisszerű halálugrása ne érje őt el!

Jack leterítette, és bilincset tett az elkövető kezére! (Meglepő módon. Ugyanis titokban végig rendőr volt, és erről eddig alig tudott valaki!)

A nyomozó kollégái ekkor már mind tapsoltak, hogy milyen ügyes és kigyúrt. Még a főnöke is, aki egyébként utálta, és mindig kiabált vele, hogy túl sok kárt okoz munka közben, amikor a rendőrautójával gyanúsítottak üldözése közben komplett telefonfülkéket és épületeket sodor el. Ekkor már mindenki őt éljenezte, hogy sikerült letartóztatnia az elfoghatatlan rémet!

John megszégyenülten, megbilincselve kullogott a zuhogó esőben a rendőrautóhoz. Gondolkozott rajta, hogy még esetleg odakapjon-e a mellette álló rendőr fegyvertáskájához, azért, hogy valamelyik rendőr azt kiabálhassa: „Vigyázzanak! Fegyvere van!"... Ekkor Jack az utolsó pillanatban (épp ismeretlen irányba vetődés közben) hat golyóval szíven lőtte volna, hogy ismét mindenki őt ünnepelje... de John aztán rájött, hogy nem akar meghalni, így nem kapott oda senki fegyvertáskájához, hanem egyszerűen csak beszállt a kocsiba, és szart a látványos jelenetekre.

Hatodik fejezet: A vallomás

Miután Johnt végleg letartóztatták, *onnan aztán* a rendőrségnek köszönhetően börtönbe is került. (Hogy honnan? Hát a letartóztatásból! Ennél azért kicsit jobban kellene figyelni! Ez mégiscsak egy komoly thriller, és nem egy könnyed kis történelmi regény, tele értelmetlen dátumokkal!)

John megalázó módon *vádlottként* került börtönbe, mert törvénytelen dolgot követett el, és ilyenkor az állam megvádolja az embert, hogy rosszul érezze magát a bőrében, és lelkiismeretfurdalása támadjon nagy hirtelenjében. Amikor a vádlottnak aztán heveny lelkiismeretfurdalása lesz, az állam hangosan nevet, mert megérdemli a vádlott, hogy sírjon egyedül a börtönben, ahol csupa bűnöző veszi csak körül, és senki sem szereti majd! Ott aztán mindenki őt fogja nézi, ahogy boldogtalanul feszengve, zokogva székel!

Tehát Johnt azért mégiscsak elkapták, hiába diktált be fals lakcímet a megfelelő hivatalban! Csak kiderült azért végül, hogy nem ott lakik, ugye? Ez a történet végső tanulsága is egyben:

Bármit diktál be az ember valahol, az mindig kiderül! Akárhol! Sőt nem is mindig derül ki, hanem bármikor!

Továbbá az is a tanulság, hogy annyira azért senki sem okos, hogy ne kapják el, mert előbb-utóbb mindenkit elkapnak! Még azt is, aki semmit sem követett el. Azokat legfeljebb elengedik, de a lényeg, hogy mindenkit elkapnak. Ezért sem jár senki utcára abban az időben, amikor ez a történet játszódik. (Hogy pontosan mikor játszódik, az hamarosan most már *tényleg* kiderül!)

John a börtönben közölte, hogy ő csak annak az embernek tesz vallomást, aki elkapta. Ő az egyetlen személy, akit tisztel. Ez ugyanis borzasztó lényeges, hogy egy idióta, akit valószínűleg úgyis felakasztanak, kit tisztel, és kit nem! Ez a rendőröket is nagyon érdekli és az ország lakosságát is.

Tehát a világon senkit sem érdekel, de mivel ettől izgalmasabb lesz a történet, így a rendőrök tehetetlenül belemennek a dologba, és keservesen, mintha a fogukat húznák, alkut kötnek vele. (Mert különben nem kapnák meg a fizetésüket a producerrendezőtől, ugyanis ez egy fontos jelenet a forgatókönyv szempontjából.)

Behívják tehát a rendőrök Jacket (hogy honnan, az nem lényeges, de nagyon érdekesen hangzik, amikor „behívnak" valakit), hogy kérdezze ki a vádlottat vagy gyanúsítottat (mikor melyiket), az ugyanis csak vele áll szóba!

Jack eleinte nem akar „bemenni", mert a stressztől kiújult a fekélye, és próbál több időt is tölteni a családjával. (Ilyen fordulat ugyanis még sosem volt thrillertörténetben.) Jack azóta gyakran játszik a fiával baseballt a kertben, és a feleségével újra jól kijönnek (mert ez sem klisé). Mégis úgy dönt, hogy „bemegy" (bármit is jelentsen ez a kifejezés az ilyen hatásvadász történetekben), és a szörnyű múltat bizony le kell zárni! Azóta is rémálmai vannak ugyanis az egésztől, és valamiért egyszerűen nem érzi lezártnak az ügyet! Nem bír tőlük lelkileg elhatárolódni, és új lapot kezdeni az életében, mert annyira közelinek érzi még a történteket. Valószínűleg azért is érzi őket annyira közelinek, mert *előző* nap történt az egész!

Tehát végül, hosszas várakozás után úgy döntött, hogy „bemegy". Meg is tette, mert nem volt az a típus, aki összevissza ígérget baromságokat!

„Bement" hát, úgy, ahogy kell! Nemcsak úgy ímmel-ámmal, hanem igen jól!

Kollégái már várták „bent", és köszöntek is neki az ajtóban, mivel ismerték, és a kollégái is voltak. Ezért hívta őket kollégáknak. Mert ismerte őket, és azok voltak. Mármint kollégák! (Így most már talán érthető végre, hogy kik voltak azok az emberek, akik az ajtóban fogadták.)

A kollégák elmondták neki, hogy a gyilkos kizárólag neki hajlandó vallomást tenni, mivel csak őt tiszteli. (Ez persze korábban is el lett már mondva ezerszer, de ott is *annyira* jó ötlet volt, hogy csak őt tiszteli, meg ilyenek, és már ott is olyan szinten ült a dolog, hogy most ismét ide van írva, hogy mindenki örülhessen!)

Jack eleinte nem akart belemenni, mert kérette magát, mint egy rossz ribanc. De azért mégis rábólintott ám, ugyanis, ha ilyenkor a főszereplő nem menne bele, akkor eleve vége lenne az egész történetnek, tehát teljesen felesleges ilyenkor makacskodni!

A kollégái és a börtönőrök is tátott szájjal nézték, hogy egyáltalán be mer menni a gyanúsítotthoz (vagy vádlotthoz, vagy elítélthez vagy mihez). Az ugyanis borzasztó veszélyes, hogy bemenjen valaki egy megbilincselt, magatehetetlen emberhez, aki még le is van nyugtatózva, és a rendőrök is már félhülyére verték korábban. El sem tudták képzelni, hogy Jack hogyan mer egyáltalán ránézni a gyilkosra! Az ugyanis annyira gonoszan nézett mindenkire, hogy később kétszer Oscar-díjat is kapott érte!

Tehát Jack „bement" (ide is), és leült Johnnal szemben. Világrengető jelenet következik, ugyanis itt nem két világhírű, kigyúrt és jóképű színész csap össze most fizikailag, hanem *mentálisan*, pusztán a gondolat erejével! Ez ilyenkor nemcsak, hogy katartikus élmény, de kicsit hátborzongató is, már-már paranormális! Egy ilyen jelenetben pusztán a két elme, a kiszámíthatatlan emberi agy tudása mérkőzik meg egy másik emberi elme tapasztalatainak összességével. Ezt szinte felfogni sem lehet, hogy mit jelent, mert már annyira fennkölt! Ez az óriási, akár galaxisok között is elképzelhető kozmikus harc *ekkor* és itt vette kezdetét! Ne menjenek hát sehova! Mert csak itt lesz olvasható:

A két titán harca egész pontosan a következő elképesztő módon zajlott. Jack leült, és megkérdezte John:

– Jó, tehát most akkor miért is tette?

Itt John hosszas monológba kezdett. Beszélt a gyermekkoráról, amikor apja megverte, anyja pedig megerőszakolta (őt is és apját is). Beszélt arról, ahogy állatokat kínzott, és ahogy az állatok őt kínozták. Elmondta az első szerelembeesésének drámai történetét (teljesen feleslegesen) és azt is, hogy hogyan vélekedik a politikáról (egyszerűen nem szereti). Elmondta, mennyire tiszteli Jacket a munkája iránti hűsége, professzionalitása és hajthatatlan céltudatossága miatt. Benyalt neki rendesen, hátha akkor majd elengedi!

Jackben ez egy pillanatra tényleg fel is merült, mert tényleg nagyon jólestek neki az elhangzottak, de aztán végül csak nem engedte el a gyilkost.

John hosszan beszélt még. Borzasztó érdekes dolgokat mondott. Hogy miről, azt konkrétan sajnos senki sem hallotta, mert a vallatóban nem működött egyetlen mikrofon sem, a helyiség pedig hangszigetelt volt, tehát Jack számított az egyetlen fültanúnak. Ő viszont elfelejtette tíz perc múlva az egészet, mert egyáltalán nem érdekelte! Hülyeségeket beszélt ugyanis a másik. Nyavalygott, mint egy szűzlány, akinek szorulása van!

Mikor John mindent őszintén beismert, és még alá is írt erről negyven darab formanyomtatványt, Jack intett a kollégáinak, hogy bejöhetnek. „Behívta" őket.

Mindenki be is jött mosolyogva. Ilyenkor ugyanis, amikor a gyilkos vallomást tesz, az mindent megváltoztat! Ha vallomást tett, akkor onnantól már nem veszélyes.

Olyan, mint bárki más! Olyan, akár a legjobb szomszéd, aki mindennap mosolyogva átjár hozzánk, aki félig-meddig már szinte nálunk is lakik (hogy rohadna meg)!

Ilyenkor a gyilkost körüllengő misztikus, félelemmel teli légkör egy csapásra szertefoszlik, és onnantól ő is már *csak ember*. Egy ugyanolyan ember, mint akár a rendőr!

Miért ne lehetne tehát ezentúl ő is rendőr akár? Végül is beiratkozhatna a rendőrtiszti főiskolára, nem? Most, hogy vallomást tett, ez így majdnem olyan, mintha nem is követett volna el soha semmit, mert végül is bevallotta, tehát a „nehezén már túl van". Úgyis csak az számít, hogy beismerje (a nézők általában idáig nézik a műsort). Az, hogy később végül mi történik vele, igazából senkit sem érdekel.

Tehát Johnnak jó esélye volt rá, hogy a vallomása után akár új életet is kezdhet, vagy akár híres nyomozó legyen belőle (is), aki pontosan tudja majd „mire jár" egy gyilkos agya, ugyanis korábban ő is az volt! Johnból ezáltal egy igazi jóképű antihős válhatna, aki fekete maszkban és köpenyben ugrál, mint egy idióta.

John viszont kiszámíthatatlan volt és őrült, ezért ne várjunk tőle racionális gondolkodást. Egy hirtelen rossz ötletnek engedelmeskedve odakapott (hát mégis!) a mellette mosolygó rendőrtiszt fegyvertáskájához! De olyan agresszív, mélyről jövő aljassággal nyúlt oda, hogy nem egy, hanem mindjárt *két* pisztolyt rántott elő az óvatlan fiatal, rendőr övéből! (Kérdés, hogy az ilyen kezdő rendőr, aki ennyire béna, mi a szarnak áll ott ilyenkor?)

Mindkét pisztolyt ordítva Jackre szegezte, és izzadva vicsorgott, hogy mindenki még jobban féljen attól, hogy „na most fog meghalni a főszereplő"! Pont a történet végén, ahol már senki sem számított volna rá!

Jacknek viszont eszébe jutott egy régi emlék, ami mindent megváltoztathat még az utolsó pillanatban! (Izgulva olvassunk is tehát tovább!)

Tíz évvel ezelőtt Jack Csecsenföldön járt, és egykori mesterét látogatta meg ott. Ő képezte ki Jacket annak idején. Mindenre ő tanította meg, amit csak tudott. És ő mindent tudott! Annyira, hogy később emiatt gonosszá is vált, és Jacknek le kellett tartóztatnia, de aztán már megint jó volt, mivel egy idő után szerencsére vallomást tett!

Tehát Jack elment ehhez a mesteréhez, és megkérte, hogy tanítsa meg arra, amikor már két pisztolyból lőnek egyszerre, de ő mégis el tud ugrani! Akár vakon, akár még fekéllyel is, bőrkabátban!

Mestere eleinte hajthatatlannak bizonyult. Hallani sem akart róla. (Mivel süket volt már évek óta.) Sőt, úgy is tett, mint aki nem hallja! (Mert tényleg nem hallotta.)

Jack bement tehát a városba (ez ugyanis valószínűleg épp vidéken történt, mert onnan szoktak emberek „bejárni" a városba), és vett mesterének mindenféle szépet s jót, hogy az hajlandó legyen kiképezni őt. Vett neki új ruhákat, szemceruzát, szemszínéhez illő cipőt, sőt még balettruhát és tangát is! A férfi ezeknek szemmel láthatóan erősen örült, de mégsem akarta kiképezni Jacket. Még mindig nem, hogy rohadna meg! Komoly oka volt a makacskodásra ugyanis:

Egyszer, régen már kiképezett valakit, akit úgy szeretett, mint a saját fiát. (A saját fia volt az.)

Ez a fiatalember pedig sajnos meghalt, mert a maffia bosszút állt rajta csak úgy, ok nélkül. Akkor megesküdött, hogy ő többet *az életben* nem tanít senkit, mert akkor az úgyis meghal majd! (Hogy ez miféle hülye logika, azt most ne firtassuk. Ő a mester! Biztos igaza van.)

Mivel Jacket is úgy szerette, mint a saját fiát (mivel Jack volt a másik fia), ezért őt már nem akarta kiképezni, nehogy ő is meghaljon! Szerinte ez nagyon logikus volt, és sokáig ragaszkodott is az elgondolásához.

Aztán végül az öreg rájött, hogy így a történet nem mozdul előre, ha ő ennyit makacskodik, ezért sajnos mégiscsak kénytelen lesz kiképezni.

Megtanította tehát Jacknek pontosan, hogy hogyan kell elugrani óriási vetődéssel, ha már egyszerre két pisztollyal lőnek vicsorogva. Egy ilyen vetődéssel az ember gyakorlatilag sérthetetlenné válik! Még akkor is, ha két atombombát dobnak le rá közvetlen közelről, egyenesen bele az arcába, a fogai közé!

Jack miután felidézte a titkos ősi, szibériai, okkult tanokat (ami egyébként lényegében annyi, hogy „ha lőnek, akkor ugorj el!"), utána pontosan olyan módon vetődött, ahogy egykori szerb mestere tanította Venezuelában: pontosan oldalirányba ugrott, amerre a legnehezebb!

Ez teljesen váratlanul érte Johnt, és mindkét pisztolyát elejtette a meglepetéstől, de abban a pillanatban! Ilyen technikára nem számított, pedig ő is kapott kiképzést Szarajevóban annak idején! Zöld sapkás volt, fekete öves és sárga jelmezes dan nélküli mester! (*Annyi* dannal rendelkezett, hogy már nem volt neki egy sem!) Erre a titkos technikára viszont, amit Jack mutatott be az imént, egyik képesítése sem tette alkalmassá Johnt!

Tátott szájjal nézte, ahogy a másik vetődik. Továbbá azt is, ahogy a nyomozó közben előhúzza a fegyverét, és hatszor szíven lövi őt! Jack olyan pontosan tudott célozni (részben a szibériai vak kiképzésnek köszönhetően, amit csak ő kapott és csak ott), hogy csak az első golyó hasított bele a gyilkos szívébe. A másik öt valójában ugyanazon a lyukon ment be, és egymásra halmozódva torlódtak bele egymás után a legelső golyóba hátulról! Tehát a többi öt golyó valójában a világon semmilyen kárt nem tett, de azért fontos volt még ötöt beleereszteni, mert amikor lassítva van a jelenet, akkor ez nagyon jól mutat! Pláne, amikor makrófelvétel van róla, computergrafikával kiegészítve, ahogy a sok golyó egymásba csapódik, és összeütköznek a dobogó emberi szív belsejében. Az valami eszméletlen jó! Ebben a jelenetben is pontosan ennyire volt jó! És még most is, ahogy így utólag belegondolunk!

Persze a gyilkos azonnal holtan rogyott össze, mert szíven lőtték, az pedig igen fájdalmas tud lenni az évnek ebben a szakában!

A börtönőrök és a rendőrség (voltak ott vagy százezren) nem mertek odamenni megnézni, hogy John valóban meghalt-e, ugyanis az az ember teljesen kiszámíthatatlannak bizonyult! Képes lett volna akár váratlanul rá is támadni valakire, vagy megütni valakit erőszakosan, ököllel, bele a szájba!

Egyedül Jack tűnt elég bátornak, hogy megnézze, meghalt-e...

...Igen, meghalt! Tehát teljesen felesleges volt ez az egész cirkusz, hogy oda mer-e menni valaki!

Aztán eszébe jutott, hogy a gyilkosok időnként fel szoktak kelni még egyszer utoljára, hogy rálőjenek vagy visítva ráugorjanak a főszereplőre! Ezért inkább leült mellé, és Jack a halott csuklójára helyezte két ujját. Esetleges, még érezhető, kitapintható pulzust kerestek tapasztalt, harcedzett ujjbegyei.

Jack makacs módon addig nem volt hajlandó elmozdulni onnan, amíg meg nem bizonyosodik róla, hogy a másik már nem él. Hat percen át figyelte így lélegzetvisszafojtva... Sőt, nemcsak ő, de a több százezer ember is, aki körülötte állt (úgy tűnik, elég nagy volt az a vallatóhelyiség), sőt több millióan is, akik közben a TV-n nézték az eseményeket, mert még ott is közvetítették!...

Mégsem történt semmi! Hát, ez van! Ilyen az élet. Csak azért, mert közvetít valamit a TV, még nem biztos, hogy automatikusan fog is történni valami váratlan dolog.

John tehát még hat perc múlva is halott volt, és nem vert a szíve. Ez mindenkit erősen meglepett, de végül azért nagy nehezen elfogadták a tényt, hogy hat golyó a szívbe bizony képes végezni egy felnőtt emberrel!

Jack ekkor visszament a családjához mosolyogni és baseballozni a fiával bőrkabátban. (Jack volt bőrkabátban, és nem a fia! A fia is rendelkezett bőrkabáttal, de nem hordta, mert még nem volt elég kigyúrt, hogy ő is rendőr lehessen. Majd talán később, ha a tizenegyedik folytatásban átveszi apja helyét, akiért bosszút áll, és elindul, hogy végleg leszámoljon az egész maffiával!)

– VÉGE AZ ELSŐ RÉSZNEK –

Utószó: Ahol végre minden kiderül

1. Most akkor végül mi a rák történt az elnökkel?

Szanatóriumban van szegény, és próbálja elfelejteni a történteket. Kerüli a halakat és a kolbásztöltő berendezéseket. Az olyanokat meg pláne, amelyik halakat is képes tölteni... pláne emberekbe! A krumplihámozó berendezéseket is kerüli, továbbá a dinnyehegyező készülékeket is. Pecázni viszont néha azért szokott. Olyankor dühös arccal áll, és hosszan néz maga elé. Halat viszont nem fog. Csak bedobja a horgot, és néz. Ha kapás van, akkor sem reagál. Bizonyos okokból nem szereti a halakat. Senki sem tudja, miért.

Néha teljes titokban, hálószobája ódon, ősi falai között horgászbottal súlyosan elveri saját magát. Ugyanis a történtek által keletkezett szegénynél egy kis lelki sérülés, és azóta nem tudja min levezetni az ebből adódó frusztrációját. De hogy maradt egyáltalán életben olyan komoly fizikai sérülésekkel?

Kit érdekel!

Jack életben van! Nem ez a lényeg? Ezt az elnököt a következő epizódra úgyis leváltják! Sőt, *már* le is váltották, mert meghülyült! Önök szerint talán normális az, aki így él? Na, *ezért* váltották le!

2. Mi történt a gyilkossal?

Meghalt. Hahó! Hat golyót lőttek a szívébe, ha ez korábban nem lett volna egyértelmű! Ez akkor és ott nem jött át egyből?

Na de John vajon valóban meghalt? Véglegesen és biztosan?

Hát nem! Ugyanis végig golyóállómellény volt rajta! Akkor viszont hogy lehet az, hogy hat percen át nem vert a szíve? Úgy, hogy Kambodzsában egykori részeges mestere (akivel éjjel mocsarakban kóboroltak, hogy vakon tavi szörnyeket fojtsanak meg) megtanította rá, hogy hogyan lassítsa le a szívét! John olyannyira le tudja azóta lassítani, hogy akár hat percen át nem is ver egyáltalán! Sőt! Akár negyvenhat percre is meg tudja állítani. Kérdés, hogy minek tenné, és mi a francra jó ez? Élő ember nem szórakozik ilyennel!

Most azért mégis jól jött ez a zseniális képesség, mert ravaszul, aljas módon mindenkivel elhitette, hogy már nem él.

Igazából pedig mégis! Ennyire ravasz ő és kiszámíthatatlan! De sajnos ezt egyik rendőr sem vette észre (mivel nem szólt nekik róla, hogy halottnak fogja tettetni magát).

Azért maradt John életben, mert később még vissza fog térni a történetbe. (Vagy ezt nem kellett volna elárulni?)

Bár ezzel persze semmilyen poént nem lőttünk le, hiszen nemcsak ő, de *mindegyik* gyilkos vissza fog térni (tehát egyik sem hal meg a történetek végén!) a tizedik epizódban, amikor egyszerre fogják majd gyötörni a szegény gyomorfekélyes főszereplőt. (Bár lehet, hogy ezzel most egy újabb poén lett lelőve? Nem! Mert ez nem egy humoros írás, így nincsenek benne poénok sem.)

3. Mi történt végül Jackkel?

Semmi. Ő a főszereplő, nyilván nem fog meghalni. Sosem. Évezredekig él majd, de lehet, hogy tovább. Miután a fiával már eleget dobálta értelmetlenül a baseball labdát, most azóta Tibetben tartózkodik, és folyamatosan gyúrja magát. Most épp agyra gyúr, valamint kigyúrtságra is. Azt szeretné felnövelni, mert még nem volt elég nagy. Pláne bőrkabátban, mert úgy most csak hetvenöt kilósnak látszik! Ha visszajön Tibetből, ezentúl bőrkabátban is már legalább százharminc kilósnak fog tűnni. Úgy végre könnyebb lesz nyomoznia kövér, kihízott fejjel, és a bűnelkövetőket is egyből megtalálja majd, akik makacsul nem hajlandóak önként börtönbe vonulni. Kövéren minden jobban megy. Ezért is gyúr mindenki. Nem azért, hogy izmosabb legyen, hanem azért, hogy elhízzon!

4. Mi történt Jack főnökével?

Kit érdekel! Hiszen szöveges szerepe sem volt!

5. Mik valójában Jack hatodik érzékei?

Igazából nem mind a négy hatodik érzék, mert a második a hetedik, a harmadik a nyolcadik, a negyedik a kilencedik képessége! Sőt, van még egy tizedik is! Olyan képességei vannak, mint például:

– Belelát másokba! Ha sokat beszélget valakivel, egy idő után elkezdi megismerni az illetőt, és onnantól kezdve automatikusan felismeri majd az utcán akár bármikor! Ha legközelebb találkozik vele, képes lesz már akár köszönni is neki! (Vagy nem. A hangulatától is függ a dolog.) Vagy ha még többet beszélget, megismeri az illető beszédfordulatait, és már majdnem ki fogja tudni találni, hogy mikor mit fog majd mondani az illető! Vagy legalábbis ezerből egyszer eltalálja majdnem mindig. Ilyenekre más nem képes, csak ő!

– Bárkit arcról felismer! Ha sokat néz egy idegen arcot, az előbb-utóbb rejtélyes okokból ismerőssé válik számára! Ha legközelebb találkoznak majd az utcán, előfordulhat, hogy már fel fogja ismerni, és tényleg képes lesz köszönni neki! Persze attól is függ, lesz-e épp kedve hozzá, mert ha nem, akkor előfordulhat, hogy csak ránéz, és úgy tesz, mintha nem is ismerné. Ez adott esetben nem azért történne, mert csődöt mondott a titkos paranormális képesség, hanem mert egyszerűen csak szar napja van, és nincs kedve idiótákkal haverkodni.

– Beleérez, hogy ki, mikor és mit követett el a múltban! Ez a képessége úgy működik, hogy a gyilkos jelöletlen

68

borítékban pontosan leírja neki, hogy mit tett, és elküldi Jack otthoni lakcímére. Ő elolvassa, és utána *máris* majdnem biztosan tudni fogja, hogy mit követett el a tettes. Majdnem minden részletét ismerni fogja, legalábbis azok egy részét igen, amelyeket a gyilkos konkrétan már leírt neki.

– Rákérdez, hogy mikor követték el a bűntényt. Bárkit képes megkérdezni gátlások nélkül! Akár fegyverrel is kiszedi belőlük a választ, ha arra van szükség. Még akkor is, ha csak útbaigazítást kér egy ártatlan járókelőtől.

– Parancsra fekszik. Na jó, ez már az ötödik titkos képesség lenne, de akkor is képes rá. Miért ne lehetne hát leírni, ha egyszer van neki ilyenje is? Ki tiltja meg? Tehát ha bevetés közben azt ordítják neki hadarva, hogy: „Kérlek, feküdj le, mert épp most lő valamilyen gyanúsított, és ez rendkívül veszélyes, mert mindenfelé golyók repkednek, és téged is eltalálhat egy töltény a sok közül, ha nem fekszel le, de azonnal!", akkor képes máris hasra vágni magát! Még *azelőtt* ráadásul, hogy a másik befejezné ezt a feleslegesen hosszú mondatot!

6. Mi okozta akkor most végül is Jack fekélyét?

Az, hogy Dél-Koreában mesterlövészpuskával bélen lőtték, amikor a lázadó gerillák ellen ütköztek meg a vietnámi veteránok (vagy inkább „*amerikai* vietnámi veteránok"?). Ekkor edzette fel Jacket végül teljesen a vak izraeli mestere, hogy sötétben is tudjon fekélyt kapni!

Annyira jól sikerült az edzés, hogy azóta is spontán módon rendszeresen fekélyt kap a stressztől. Vagy bármikor, amikor csak úgy akarja! Ez a hatodik hatodik érzéke egyébként, tehát nem csak öt van neki. Ez eddig nem volt lényeges, ezért sem lett említve a legizgalmasabb részeknél, ugyanis az megtörte volna a vágtázó, pattogós, kiválóan megfogalmazott harci jelenetek sodró lendületét!

7. Mik azok a gyerekajtók? És mi a titkuk?

Ilyenek a valóságban *nem* léteznek (ha ez eddig nem lett volna már amúgy is egyértelmű). Az eredeti paranormális, szupernaturális, misztikus- ijesztős, urbánus fantáziálós szöveg kínaiból lett fordítva, és valamely előre nem látott fordítási hiba miatt az eredeti chi-huan-kvan-da-ta-meinlung-kwann kifejezés véletlenül „gyerekajtónak" lett lefordítva. Titkuk sincs tehát, mert nincsenek. A hibáért ismét elnézést kérünk, a jövőben ez mindenképp korrigálva lesz! (Vagy nem. A hangulatunktól is függ.)

Dehát akkor mit jelent ez a hosszú kínai szó, ha nem gyerekajtót?

„Nem tudjuk! Ezért nem fordítottuk le!" – köszönettel, a fordítók

8. Mi lesz majd a folytatásokban?

Főleg leírt szavak és mondatok lesznek. Kijelentő mondatból lesz a legtöbb (ez már korábban így lett eltervezve, és sajnos nem lehet rajta változtatni), de lesznek köztük összetett kérdő mondatok is és rengeteg dühödt felkiáltójel! Továbbá minden történetben lesz egy gyilkos, aki emberi életeket olt ki jogtalanul.

Ennek a pontos jogi és rendőrségi megfogalmazását a következő részben tárgyaljuk, hogy miért nincs joga valakinek megölni másokat. A rendőrség munkájáról és módszereiről is esik majd ismét szó.

Részletekbe menően, professzionálisan tárgyaljuk majd, hogy hogyan szoktak például rálőni valakire, és mit jelentenek pontosan azok a rendőri szakkifejezések, mint a „Fel", vagy az „a kezekkel"! Továbbá az olyan speciális, csak bizonyos helyzetekben használható kifejezések, mint az „Állj!", vagy a „vagy lövök"...

Vagy akár a „Repül!", mint a „vagylibák."

9. Mikor játszódik akkor végül is ez az egész történet?

Hát, a jövőben! Ugyanis a valódi világban, abban a riasztó, misztikumokkal és kérdésekkel teli valóságban (amiben *akár Ön is* élhet!) ezek az események bizony még nem történtek meg.

Ha mindez régen már megtörtént volna, akkor ez egy történelmi regény lenne! Azt pedig nem akarjuk, ugye? Ugye, hogy nem? Na, tessék!

Ha pedig a jelenben játszódna az egész, akkor az inkább oknyomozó riport lenne (vagy mi). Akkor olyanokat kéne írnunk, hogy:

„Ott megy a gyilkos, és *most* utoléri a nőt! Megragadja, a nyakára teszi a koszos mancsait, és máris fojtogatni kezdi szerencsétlent, már öli is meg a gyanútlan áldozatot!"

És itt *már vége is* lenne a regénynek!

Hogy miért?

Mert az áldozat nem halhat meg *majd* a fojtogatás végén, hiszen az ugye egy *jövőbeli* esemény lenne! A nő halála *után* pedig már az egész addigi élete *múltidőnek* számítana, ezért még csak beszélni sem lehetne róla, azaz senki sem nyomozhatna azzal kapcsolatban, hogy mi történt vele! Hoppá!

Tehát az áldozat örökké élne a jelenben, nem halna meg a könyvben soha senki, és mindenki boldog lenne!...

Az meg akkor miféle thriller, ugye?

Tehát a fenti logika alapján fizikai képtelenség jelenben játszódó thrillert írni, mert akkor a regényben mindenki örökké élne, és az összes szereplő halhatatlan lenne benne. Az viszont akkor *istenekről* szólna, és az *megint* csak egy másik műfaj! De melyik is?

Melyik az, amelyik *titokban,* mondjuk... görög mitológiáról szól? Hát a sunyi történelmi regény! Látják, milyen alattomos egy fajta az? Ezért sem akartunk már az előbb sem olyat. (Nemcsak én, de *Önök sem!* Ne próbálják meg utólag rám kenni!)

Kizárásos alapon tehát ennek a történetnek teljesen biztosan a jövőben kell játszódnia! Akkor ettől most már ez a sorozat automatikusan science fiction lesz?

Nem!

10. Akkor ez most egy science fiction történet?

Mondom, *nem!*

GABRIEL WOLF

A Kibertéri Gyilkos

(Valami betegesen más, #2)

Arte Tenebrarum Publishing
www.artetenebrarum.hu

Fülszöveg

A Kibertéri Gyilkos („Valami betegesen más" második rész)

A 66-os villamos először a Kiber téren áll meg. Itt lakik Charles, a gyilkos. Direkt azért költözött ide, hogy ha egyszer meg találna ölni valakit, akkor majd mondhassa, hogy ő a „Kibertéri Gyilkos". Úgyhogy azóta is mondhassa, mert már régóta itt él, ezt mindenki tudhassa.

Charles szeret az interneten garázdálkodni. Feltöri gyanútlan, magányosan rettegő nők Facebook-profilját, és a nevükben kéretlenül ismerősnek jelöl másokat, *iszonyatos* fájdalmat okozva ezzel az áldozatoknak! Ugyanis azok már reménykedve épp azt hinnék, hogy valaki nagyon szereti őket, de aztán kiderül, hogy *nem*! Ki képes ilyenre? Hát ő! És közben pattanásosan és elhízva röhög otthon a markába! Az anyja meg csak hordja neki rahedli számra a kaját, mert „még mindig nem nősült meg a gyerek". Nem is tervezi, ugyanis ahelyett, hogy elvenne egy szép lányt, inkább jól megöli őket! Először ellopja a személyazonoságukat az interneten, aztán amikor már teljesen magatehetetlenek, és sírnak, akkor végső csapásként informatikusnak álcázza magát (ugyanis ez a szakmája), hamis ígéreteket tesz a nőknek, hogy ő majd segít visszaszerezni a személyazonosságukat. (Hát persze, hogy segít! Jól meghalni!) Nemcsak szakembernek álcázza magát, de jóképűnek és vékonynak is. Ezért nem is gyanakszik rá senki. Továbbá azért sem, mert...

...a gyilkos mindig mosolyogva érkezik!

Ne nyiss ajtót, ha installálni akar!

Előszó (vagy inkább felhívás?)

Vigyázat! Ebben az írásban humor található! Nevetni kell rajta, még akkor is, ha egyáltalán nem vicces. Bármilyen szörnyűség is történjen tehát Önnel az elkövetkezendő napokban, míg ezt a kiváló írást olvassa, nem komolyodhat el egy pillanatra sem. Folyamatosan nevetnie kell, amíg a végére nem ér. Amikor megy dolgozni, hangosan ordítva kell röhögni a buszon, lehetőleg úgy, hogy közben a többi utas meredten bámulja Önt emiatt. Így ugyanis könnyű magunkat megszerettetni idegenekkel.

Az is népszerű, amikor munkahelyünkön a főnökünk komolyan próbál beszélni a fejünkkel, mivel a cégnek súlyos anyagi gondjai vannak, és épp erről próbál panaszkodni szegény... Erre mi harsányan az arcába vihogunk, mint egy sakál!

Ha esetleg a főnöke válaszképp erre a viselkedésre ki szeretné rúgni Önt, mindenképp hívja fel a figyelmét, hogy jelenleg humoros írást olvas. Ő rögtön tudni fogja, miről van szó, és akkor majd nemhogy nem rúgja ki, de még fizetésemelést is ad! A humor nyelvén ugyanis mindenki ért. Az Ön főnökének is van humora, és nagyon szeret jókat nevetni. Még olyankor is, amikor zokog az anyagi gondok miatt, és olyankor is, amikor acsarkodva, habzó szájjal embereket rúg ki ok nélkül.

Pláne nevetni fog majd, ha megemlíti a könyv írójának nevét, hisz lehet, hogy ő is ismeri már az illető írásait. De ha mégsem, nekem akkor is jól jön majd az ingyen reklám!

Ismét vigyáázat! (Ha az előző még nem lett volna elég vészjósló.)

Ebben az írásban úgynevezett internetes viccek találhatók. Senki sem tudja pontosan, mit jelent ez a szó, hogy „internet", a hackerek viszont tisztában vannak vele. Ők napi szinten használják. Alattomos módon feltörik a Facebook-profilunkat, és közben röhögve üzengetnek egymásnak arról, hogy milyen jól csinálták, és milyen szánalmas fényképeket találtak a felhasználói fiókunkban. Ők használnak egyfajta saját nyelvjárást. Úgy nevezett „smiley"-kat tesznek a mondatok végére, valamint „emoji"-kat is. Mivel ezek a nyüves alakok mindent meghackelnek, még e nagyon vicces és népszerű könyv írójának számítógépét is, így ebbe az írásba is rejthettek ilyen titkos, tudatalatti üzeneteket, amiket csak ők értenek. :) Ne vegyük hát magunkra! Ezek a jelek többnyire kettőspontokból és zárójelekből állnak, tehát semmi értelmük nincs. Nem árthatnak sem Önnek, sem szeretteinek!

Ettől függetlenül vigyázzanak, ha a fent említettekhez hasonló jelekkel találkoznának ebben az írásban. Azokat ugyanis már tényleg nem az író tette bele, hanem a hackerek! :)

Első fejezet: Charles, a negatív szereplő

Létezik egy úgynevezett „kibertér" (angolul cyber space), ami rendkívül veszélyes. Hogy miért? Nos, valójában a világon semmi sem veszélyes benne, de az úgynevezett „cyber thriller" történetekben mindig ezt akarják éreztetni az olvasóval és a nézővel, hogy az ember halálra izgulja magát.

Charles is szerette a veszélyt, továbbá az ilyen filmeket is. Mivel már amúgy is régóta tervezte, hogy jól meggyepál valakit, aztán hirtelen felindulásból meg is öli, arra gondolt, hogy milyen jól is hangzana, ha őt is afféle „cyber killer"-ként emlegetné majd a rendőrség. Az ugyanis oltári módon intellektuálisan hangzik! Nem csak úgy, mint egy primitív vadbarom gyilkos, aki összevissza fingik emberölés közben. Nem! A „Kiber Gyilkos" intelligens módon követ majd el bűncselekményeket. És mivel Charles konkrétan tudta magáról, hogy erősen művelt, ezért úgy érezte, hogy hozzá csak az olyan bűntények méltók. Ő nem fog összevissza böfögve, seggre esve gyilkolni, mint mindenki más! Inkább rendesen megtervezi, lefekteti az alapokat, aztán kivitelez, mint egy valódi informatikus, vagy akár, mint egy sci-fi filmben a jövőbeli hírhedt Kiber Gyilkos!

Charles először is elköltözött a Szentrál Park melletti Kiber térre. Mindenképp szerette volna, ha majd később Kibertéri Gyilkosként tartják számon, még akkor is, ha sokan nem ismerik esetleg az ilyen bonyodalmas számítógépes szakkifejezéseket. Bár valószínűleg kockázatos lesz a rendőrségnek megadni, hogy pontosan hol lakik (Különben honnan is tudhatnák majd, hogy ő a Kibertéri Gyilkos?), de hát úgy volt vele, hogy bizonyos kockázatokat sajnos vállalni kell. Ha majd esetleg a rendőrség nagy nehezen rátalál a lakcíme alapján, akkor Charles legrosszabb esetben elfut! Ez egyáltalán nem bonyolult, és gyakran be is válik.

Bár igaz, a rendőrségnek van az ilyen esetekre egy jól működő módszere: Ha futni látnak valakit (nem feltétlenül kell bűnelkövetőnek lennie, lehet egy ártatlan gyalogos is), akkor nagy előszeretettel ordítanak rá, hogy „Állj, vagy lövök!". Ebből az a tanulság, hogy sehol sem ajánlott egyszerű sétánál nagyobb sebességgel közlekedni rendőrök közelében. Azokat ez ugyanis ugyanúgy irritálja, mint a kutyákat. Ugyanezért szokták azokat az autókat is megállítani, amelyek túl gyorsan hajtanak. Egyszerűen nem bírják elviselni, ha valaki siet! Pláne, ha előlük teszi! Úgy érzik, ilyenkor el kell kapniuk az illetőt, és iszonyatosan megrázni a lábszáránál fogva! Még inkább kielégítő számukra, hogyha egyszerűen lelövik a tettest. Ezért is helyezik egyből kilátásba a „vagy lövök" lehetőségét, ugyanis tény, hogy a felesleges hajkurászásnál lényegesen egyszerűbb valakit közvetlen közelről hátba lőni!

Charles tehát látott némi esélyt rá, hogy üldözőbe vegyék, ha majd szörnyű bűncselekményeket követ el, de nem igazán érdekelte a dolog. Egyszerűen vagy elfut a rendőrség elől, miután megkéri őket, hogy ne lőjék hátba (Végül is van szája. Arra való, hogy szóljon, ha nem szeretne valamit.), vagy majd egyszerűen csak hagyja, hogy letartóztassák. Bent az előzetesben vallomást fog tenni a híres nyomozónak, aki éveken át üldözte őt, és végül letartóztatta. És akkor majd lehozza a sajtó, bekerül a lapokba, és minden nő szerelmes lesz belé! Igen, úgy lenne a legjobb... Akkor talán negyvenévesen elveszthetné végre a szüzességét!

Charles az anyjával élt, és még szűz volt. Mármint nem az anyja! Az anyja nem lehet szűz, hiszen gyereket szült! Hacsak Charles nem a szentlélek által fogant. De mivel ő egy elmebeteg, súlyosan sérült lelkületű, zavart személyiség, így nem valószínű, hogy Jézus öccse lenne. Sőt! Szinte biztos, hogy nem az. Tehát az anyja szűzi mivoltát már itt az elején kizárhatjuk. (Máris megtudtunk valami fontosat, mindjárt az első fejezetben! Akkor végül is tényleg megérte komoly összegeket fizetni ezért a könyvért, nem?)

Kizárásos alapon tehát majdnem teljesen valószínű, hogy Charles a szűz. Igen, *valóban* furán hangzik, mert ez egy amolyan lányos szó, hogy „szűzlány" és „szűzizé", meg ilyenek, de ezt tényleg férfiakra is használják, bármily meglepő.

Charles azért szűz, mert hihetetlenül intelligens, kiváló a humorérzéke, és az arcbőre sem pattanásos és zsírtól fénylő. Egyáltalán nem is kövér, inkább szimpatikusan szexi és ennivaló módon nagydarab. Továbbá zenei ízlése is kiváló: az összes nyolcvanas évekbeli thrash metal bandát ismeri. Tehet ő róla, ha ezek a dolgok valamiért nem jönnek be egy nőnek sem? Azoknak ugyanis semmi sem tetszik! Mármint *az anyjának*, mert rajta kívül más nőt nem ismer.

A nőknek tehát nem tetszik a metal zene. Hiába van azokban a zenekarokban mindenkinek derékig érő, zsíros haja tele korpával meg tetvekkel, amit nagy előszeretettel ráznak ki a hajukból gitározás közben! De a nőknek ez nem tetszik! Mit képzelnek ezek?

Még a kigyúrtság sem tetszik nekik! Charles évek óta gyúr otthon. Terembe sosem járt, mert ott csak kiröhögnék a száznegyvenes derékbősége miatt. Barmok! Ő tehát inkább csak otthon építi a testét. Sokszor le is olajozza magát a tükör előtt, hogy jobban látsszanak a bicepszek. Mind az öt!

Véleménye szerint a lógó férfi-csöcsei is a kigyúrtságnak köszönhetőek! Ugyanis, ha ez a dolog (a lelógó, csüngő pajkos keblek) a nőknél vonzó tud lenni, akkor egy férfinél miért ne lehetne az? Szerinte az! Pláne úgy, hogy a mellbimbói akkorák, mint két tükörtojás, és Charles olyan szőrös, mint egy kuvasz. Még a vállain is nő. Ott azért nem mindenkinek van ám! Charles erre különösen büszke. Oda is gyúrt hát: a váll-bicepszekre!

Évek óta követ lelkiismeretesen egy edzéstervet: hetente egy húzódzkodás. Ha lehet, akkor legalább félig, mert tovább nem megy, de már az is jó, ha egyáltalán odaáll a rúd alá. Ugyanis a szándék a fontos és az elkötelezettség.

Fekvőtámaszokat is gyakran csinál... az ágyában a Playboy magazinok felett. Nem csoda tehát, ha rengenek s inognak rajta a hatalmas izmok. Akkorára dagadtak már, hogy bizonyos rosszindulatú emberek akár kövérnek is gondolhatnák őt... mint például a nők (azaz az anyja)!

Charles anyjának nem tetszik a kigyúrtság. Volt, hogy egyszer fogyókúrára akarta fogni a fiát. „Nem normális a vénasszony! Ez még sosem látott kigyúrt filmeket?" – gondolta ő. Na jó, azok a színészek nem pont úgy néznek ki, mint Charles, de nyilván azért, mert mindannyian degeszre kokszolják szteroiddal az agyukat. Charles kizárólag naturálisan edz. Nem lehet hát elvárni tőle, hogy pont úgy nézzen ki, mint azok az iszonyatos doppinghegyek. Ő a maga módján már így is épp elég nagy és vonzó! Neki nem kell szteroid, attól csak leszálkásodna, és nem lenne többé elég nagydarab. Oda lenne a tekintélye! Szerinte ennél jobban már nehezen nézhetne ki, még akkor is, ha most a legtöbb nőnek inkább csak hányingere van tőle.

A nők valamiért az intelligenciát sem díjazzák(?). Pedig Charles korábban mindig humorizálni próbált az iskolában. A szünetben belecsípett az osztálytársnőibe a legérzékenyebb, legintimebb testrészeiken, de „azok a buta libák" sosem nevettek vele. Manapság a munkahelyén is ezt csinálja, de a nők a folyamatos szexuális zaklatásra képtelenek kellőképpen humorral reagálni. Egyszer az egyik be is panaszolta a főnöküknél, pedig Charles semmit sem csinált azon kívül, hogy meztelenre vetkőzött, és berohant kolléganőjéhez a fénymásolóba, hogy erőszakkal maga alá teperje! Ezek nem értik a viccet! Szerinte lehet, hogy még azon sem tudnának nevetni, ha rájönnének, mi mindent ír ki róluk az interneten mindenféle társkereső oldalakra, amikor titokban a fényképeiket használja engedély nélkül.

Charles tehát szomorúan rá kellett, hogy jöjjön: ő már túl intelligens, vicces és izmos ahhoz, hogy barátnője legyen. Dögöljenek akkor meg mindannyian, ha egyszer ennyire képtelenség velük kijönni! Nehogy már másnak vígan barátnői legyenek, amíg ő itthon rohad egyedül, és zabál!

Semmilyen frusztráció, sem harag nem volt benne a dologgal kapcsolatban, az ugyanis nem intellektuális. Az akár szánalmas is lehetett volna. Nem! Ő ridegen, megalapozottan döntött, sosem hallgatott az érzelmeire. Még akkor sem, amikor minden délután tört-zúzott a hálószobájában.

Úgy dönt tehát, hogy nem haragból és alaptalanul, hanem jogosan és megalapozottan kezdi el ölni a nőket szép sorjában, egyenként. Az anyjával fogja kezdeni, ugyanis más nőt nem ismer. A kolléganőiből egy sem áll vele szóba, tehát habár mindennap látja őket, azt enyhe túlzás lenne kijelenteni, hogy jóban van velük. Így azokat egyelőre életben hagyja, mert (még) semmilyen érvet nem tud felhozni amellett, hogy pusztulniuk kéne. Ma legalábbis még nem.

De hogyan is ölhetné meg anyját igazi Kiber Gyilkos módjára?

Úgy dönt, először ellopja az interneten az egész személyazonosságát!

Meg is tette! Iszonyatos agymunka s kutatások árán megszerezte anyja titkos belépőjelszavát a Facebookra! (Egyszerűen mögé állt, és megnézte, mit ír be.) Később ő is belépett ugyanazzal a felhasználónévvel oly módon, hogy már a hozzá tartozó titkos jelszót is tudta! Ki képes ilyen bonyolult számítógépes mesterfogásokra, ha nem egy vérbeli hacker?

Belépett tehát anyja nevében az „Arckönyvre", és mindenkit becsmérelni kezdett. Jókat röhögött közben! Anyja volt osztálytársainak és gyermekkori barátnőinek oldalain leszólta a gyerekeikről készült hülye képeket. Mindegyiket rondának titulálta. Aztán keresett háziállatos képeket is. Kutyákról van ott egy csomó tündéri kép, ahogy csaholnak. Ezeket becsmérelni kezdte azzal a kísérőszöveggel, hogy mindegyik bolhás, és ő már továbbította is a kérdéses képet a helyi sintértelepnek!

Aztán sárban fetrengő sertésekről is keresett képeket, és ravasz módon, ügyes trükkökkel anyja mosolygó arcát montírozta a disznók testére. Annyira kiváló munkát végzett, hogy egyáltalán nem is látszott, hogy a képek „Fotóshop"-ozva vannak. Anyja profilján minden fényképet kicserélt ilyenekre.

Amikor két nappal később édesanyja észrevette, hogy az egész ország őt gyűlöli, és rajta röhög, s azzal is szembesülnie kell, hogy máris elveszett a személyazonossága, az asszony menten belehalt a szégyenbe.

Charles kissé csalódott volt, mert ennél lényegesen hosszabb szenvedést remélt a gyűlölt némbertől. De legalább már így is elveszett a személyisége, és meghalt. Végül is ezt akarta.

Charles ugyanis annyira sok kutyás és macskás képet szólt le a Facebookon, hogy az anyját már a munkahelyén sem vették emberszámba. A személyi igazolványát is kidobhatta a szemétbe. Hiába volt benne fénykép. Egyszerűen nem ismerték fel! Még a saját nővére sem! Egyszerűen elveszett a személyazonossága, és kész!

Erre képes ugyanis egy hacker: bármikor ellopja személyazonosságunkat, és szabadon garázdálkodik vele. Van, hogy visszaadja, ha beleun, de olyan is előfordul, hogy megtartja magának, és csak ünnepnapokon veszi elő, ha röhögni támad kedve!

Vagy ráül, ha fingania kell. Olyan is van. Bár a hackerek nem primitívek, azért ettől függetlenül ők is emberek, és néha bizony termelnek bélgázt. Jobb olyankor nevetve kiengedni jó hangosan, picit meg is nyomva, mint pironkodva visszatartani, mint egy apáca!

Charles tehát rájött, hogy a fingás bizonyos élethelyzetekben nem számít primitívségnek. Ez inkább csak amolyan természetes, nyílt és őszinte humor, ami mindenkinek szimpatikus.

Bárki nyugodt szívvel engedje hát ki, és alaposan nyomja is meg, akár az operában, akár a könyvtárban! Az ilyesmin mindenki barátságosan mosolyogni fog, és később valószínűleg fel is hívnak majd minket telefonon, hogy egészségünk felől érdeklődjenek. Charles ebben hitt, ezért is nyomta meg mindig jó erősen, ha rájött a dolog. Hadd szóljon jól hallhatóan, ha már egyszer kifelé kéredzkedik!

A hackerek tehát játszi könnyedséggel ellopják az ember személyazonosságát. Nehogy azt higgyük, hogy ehhez vírusokat kell letölteni, meg heteken át mindenféle beteg pornóoldalakat nézegetni! Dehogy! Elég, ha az ember vesz egy pendrive-ot vagy egy számítógépes magazint az újságosnál! Még számítógép sem kell! Máris ott a vírus! A személyazonosságunknak pedig lőttek!

Sokan úgy is járnak, hogy még ennyit sem tesznek. Elég, ha rágondol valaki magára a szóra, hogy „internet", és máris búcsút mondhat a bankszámlájának! Ennyire rafináltak már manapság a hackerek! Tehát nem csak a mocskos pornóoldalakon várnak ránk lesben állva!

Ezt Charles első kézből tudta. Részben azért, mert ő maga is igen komoly hacker volt, részben azért, mert szabadideje kilencvenhét százalékát pornóoldalakon töltötte. Szerinte abban ugyanis semmi kivetnivaló és fura nincs, ha az ember kíváncsi és érdeklődő típus. Olyannyira érdeklődő, hogy már évek óta nem látott az interneten felöltözött nőt. Pedig elég sok időt tölt ott. Mindössze napi tizennyolc-húsz órát, de annál biztos nem többet. Eleinte nézett pár évig hagyományos pornót is, de aztán annyira megunta, hogy képes volt már evés közben is nézni anélkül, hogy egy kicsit is rosszul lett volna tőle.

Rájött hát, hogy ideje „upgrade"-elni. (Csak hogy amolyan cyber-hacker kifejezéssel éljünk! Ilyeneket azért nem mindenki ismer! És a regény írója meglehetősen büszke is erre a szaktudásra!) Charles elkezdett *tényleg* nagyon beteg dolgokat nézni a neten. Olyannyira, hogy azoknak már a szexhez sem volt köze. Például olyasmiket, amikben elnyomás alatt élő, alacsony bérezésű kínai, sok gyermekes nők botokkal meggyepálják egymást. Ez már nem pornó volt, hanem valami annál sokkal elvontabb és intellektuálisabb: afféle „art" irányzat, amit csak a zsenik meg a megjátszós seggfejek értenek.

Charlesnak sem tetszett valójában, de még vonzóbbnak érezte magát, ha művészeknek szóló, elvont dolgokat nézett. Olyankor úgy érezte, hogy ő is „olyan". Mármint nem alacsony bérezésű kínai, sok gyermekes nő, hanem egy valódi művész, egyfajta „entellektüel" vagy mi.

Egy idő után Charlest már a kínai art-szex sem kötötte le, inkább veszélyesebb és még izgatóbb vizekre evezett a világhálón speciális internetböngészőjével (az ingyenessel, amit a Windows-hoz adnak).

Indított egy saját webáruházat, amin szándékosan, visszataszító módon nem töltötte ki a „Kapcsolat" menüpont alatti részt! Már előre röhögött, hogy hány ember fog ezen majd felháborodni! Ki rendelne ugyanis egy olyan webáruházból, ahol tök üres a Kapcsolat nevű oldal? Még e-mail cím sincs rajta!

Charles tudta, hogy nagyot kockáztat ezzel, ugyanis akár reklamációs leveleket is küldhettek volna neki emiatt, de ő mégis volt elég bátor hozzá, hogy egy ilyen romlott erkölcsű, szemétre való webáruházat üzemeltessen. Nem a termékek voltak felháborítóak, hiszen csak szépirodalmi könyveket árult akciós áron. Viszont, mivel a Kapcsolat oldal üresen tátongott, szinte ordított, hogy kizárólag gonosz szándék hajtja ennek a „virtuális, jövőbeli kiberáruháznak" az üzemeltetőjét.

Árulhat az ember legális dolgokat is tized áron, ha nincs telefonszám a Kapcsolat oldalon, az már önmagában is égbekiáltó ocsmányság! Charles azért *ennél* nem akart messzebb menni (egyelőre). Jöttek is a reklamációk ezrével. Volt, aki már első nap meg akarta ölni ezért bosszúból. De ő csak jóképűen mosolygott, és az izmain táncoltatta fölényesen a napfényt. Nem törődött az egésszel. Na jó, egy kicsit azért igen, és perverz módon fel is izgatta a dolog, amolyan „art" módon, de azért akkor sem. Vagy mégis! De csak egy kicsit. De akkor sem!

Aztán sajnos be kellett fejeznie az egész webáruházasdit, amikor rájött, hogy az egész nem ér annyit. Milliókat költött már rá, hogy ismert és népszerű szépirodalmi regényeket veszteséggel, akciós áron adhasson csak azért, hogy tőle rendeljék, és nevethessen perverz módon a saját vevőin. Mivel anyai örökségét két hét alatt sikeresen elszórta, így kénytelen-kelletlen visszakullogott a Facebookra nőket zaklatni.

És ekkor lép be váratlanul a történetbe Jack, a nyomozó, aki végre már egy szimpatikus szereplő! Nem olyan, mint ez a dagadt rohadék Charles!

De a nyomozó még nem most jön! Ő csak a következő fejezet elején fog belépni a képbe.

Tudja, Kedves Olvasó, az lesz az, amikor lapoz, és ott van a következő mondat a lap tetején! Na *az* a következő fejezet eleje! Ott jön majd a Jack, aki népszerű!

Második fejezet: Amikor a Jack jön

Na *ez* itt a következő fejezet eleje, amikor a Jack jön! Így remélhetőleg már nagyjából világos, hogy hol jön be a képbe a nyomozó. Nagyjából itt, ezen az oldalon. Egy sorral ez alatt, a felkiáltójel után!

Jack felébredt. Minden reggel ezt tette, ezért most sem lepte meg a dolog különösebben. Máskor is előfordult már, hogy felébredt, tehát nem ez volt az első eset. Olyankor is aludt. Ugyanis, ha előtte nem alszik, akkor nincs miből felébredni. (Ezt a logikus érvelést Ön sem kérdőjelezheti meg, hiába akar *mindenáron* belekötni ebbe a történetbe!)

Tehát Jack felébredt, de nem fűlött a foga a munkába menéshez. Túl sok volt odabent a stressz. Már a nőügyei is túl bonyodalmasnak tűntek. Túl jóképű volt ugyanis ahhoz, hogy ne legyenek stresszes nőügyei, aminek mindig botrány a vége. Még akkor is, ha semmi rosszat nem csinál, csak mindenkivel összevissza lefekszik úgy, hogy a felesége mit sem sejt az egészről. Házassága sajnos már réges-rég megromlott, tehát jogosan lép félre minden alkalommal. Na jó, nem annyira régen ment tönkre a házassága, csak két-három napja. De neki akkor is asszonyi ölelésre van szüksége, a felesége meg inkább csak perlekedésre képes, hogy miért jár haza hajnali reggel 10 órakor a munkából?... Miért tölti az összes idejét sorozatgyilkosok kilétének kinyomozásával?... Miért fut utánuk sikátorokban, fegyverrel hadonászva, mint aki teljesen meghülyült?

Jack valójában kiváló nyomozó volt ám, csak a felesége nem ismerte ezt el. Így hát továbbra is szimpatikus marad nekünk, még akkor is, ha mindennap megcsalja az asszonyt.

A gyerekével is rendkívül kedves, és igazi jó apa. Már az előző részben is baseballozott ugye a fiával a kertben. Ott sem derült ki, hogy ennek mi értelme van, de a lényeg, hogy ez nagyon jól mutat a képernyőn, amikor a filmekben ilyet látunk:

A magas, jóképű fickó mosolyogva dobál egy hülye labdát a kertben. A gyerek nevet, és azt kiabálja: „Apa! Apa!".

„Ezek szerint biztos jól érzik magukat" – mondhatnánk naivan. „Akkor a pasi bizonyára jól bánik vele."

Tehát még ha Jack kicsit hűtlen is, de legalább jó pasi és egy igazi jó fej. Azért egy jóképű, kockás hasú zsenitől ne várjuk már el, hogy csak egy nővel éljen élete végéig! Akkor melyik olvasó fog megszállottan rajongani érte, ha örökké foglalt és monogám? Tehát hagyni kell azért itt-ott egy kiskaput, hogy az olvasó szíve megteljen reménnyel, hogy hátha majd beleszeret, és feleségül kéri őt ez a kitalált szereplő.   :)

Jack tehát nem teljesen foglalt! Senki se keseredjen hát el! Már majdnem válófélben van! Tessék nyugodtan megvenni a történet folytatását is, mert lehet, hogy hamarosan párt fog keresni magának ez a megnyerő modorú, művelt szappanopera-sztár!

(Korábban az volt, mielőtt thrillerekben kezdett szerepelni. Mostanában viszont ez a „dark"-osabb thriller nagyobb divat. Ezzel Jack többet keres.)

Tehát a detektív enyhe hűtlensége teljes mértékben indokolt, és ettől még ugyanolyan szimpatikus továbbra is. Azt se feledjük, hogy fokozottan jóképű!

(Ha már kellőképpen megszerettük a főszereplőt most, hogy ennyit lett dicsérve ok nélkül, akkor talán lassan tovább is haladhatnánk végre a cselekménnyel!)

Jack felébredt, és úgy gondolta, logikus lenne mindezek után felkelni. (Könnyen jutott efféle következtetésekre, mert már régóta magas intelligenciával rendelkezett.)

Kiment az erkélyre, és ezen a reggelen is gyönyörködött egy percig a Himalája szépségében.

(Mi?! Hogy a jó életbe került oda? Jack nem a New York-i rendőrségnél dolgozik?

De igen.

Akkor hogyan jutott el Tibetbe?!

Meglepő módon: repülőgéppel.)

Jack három napja érkezett Tibetbe, amikor feleségével végleg megromlott a viszonya a stressztől. Vagy inkább stresszes lett a viszonya? De az is lehet, hogy viszonyai lettek a stressztől. Nála a viszonyok és a stressz kéz a kézben járnak. Nem véletlenül van a fekélye hátán is két darab kézen fogva sétáló fekély. Egy merő izgalom az élete, mert rendőrtiszti nyomozó vagy mi a New York-i rendőrségnél, és ott bizony nagy kanállal merik az izgalmakat, mert ott minden sarkon elmebetegek ólálkodnak. (Sőt! Még bűnözők is vannak a rendőrökön kívül.)

Tehát iszonyatosan összekaptak a feleségével. Olyan vádak hangzottak el, amit élő ember nem képes lelkileg és idegileg feldolgozni. Többen belehalnának már az ilyen témák puszta említésébe is:

A felesége képes volt azt mondani neki, hogy ha lehet, akkor keljen fél órával később, és ne dolgozzon annyit, mert ez fárasztó lehet Jacknek. Ezen a férfi teljesen kiborult, és azonnal Tibetbe rohant, hogy ne is lássa többé az asszonyt. Egyáltalán nem reagálta túl. Ő mindig minden helyzetben megfelelően viselkedik, hisz képzett rendőrtiszt.

Ezért is tiszti hadnagyi nyomozó rendőr New Yorkban. Azaz mégsem! Ugyanis ő most Tibetben rendőr! Tehát akkor ezek szerint ő a Tibeti Rendőrségnél dolgozik? Nos, akármilyen hihetetlen, sajnos ez teljesen logikus következtetésnek hangzik, tehát el kell fogadnunk. Ne makacskodjunk, egyszerűen fogadjuk el, hogy ő a Tibeti Rendőrség nyomozója. Ha elfogadjuk, onnantól már sokkal könnyebb lesz! Nyitottnak kell lenni, és nem kell mindenből akkora ügyet csinálni, azzal csak magunknak ártunk. A felesleges aggodalmaskodás bizony közismert stresszforrás, ezt pedig érdemes elkerülni hosszútávon, ha nem akarunk vénségünkre súlyos, stressz okozta prosztata problémákkal hadakozni. Nők esetében ilyesmitől hál' Istennek nem kell tartani. Tehát nekik a stressz sem árt, és legyőzhetetlenek. Ezért élnek tovább, mert ők nem rendelkeznek saját prosztatával, amibe belerokkannának a hosszú évek alatt.

Visszatérve sokak kedvenc thrillersorozatára, amihez most mindössze féláron juthat hozzá a készlet erejéig:

Jack tehát három napja volt itt. Azóta gyúrta magát karatéban a hegytetőn, ahol rendkívül látványos az ilyesmi. Körülötte olyankor körbe-körbe tud repülni egy helikopter, hogy messziről mutassa a kamera. Akkor ugyanis nem látszik, hogy milyen szarul csinálja. Így megmaradhat mindenki abban a tudatban, hogy valódi harcművész. Nemcsak eljátssza, hogy „jól tud", de igazából is tud, akárcsak Rambo!

Jack az összes jelenetet saját maga csinálja! Nem használ kaszkadőrt meg zsinórokat sem! Sem ahhoz, amikor például reggel felébred, de ahhoz sem, amikor kiáll az erkélyre depressziózni. Némileg az is indokolja, hogy ne használjon dublőrt, mert regényekben ennek a világon semmi értelme nincs. Azaz most ebben a jelenetben kivételesen mégis van!

Jack ahogy az erkélyen áll, és gyönyörködik a Himalája misztikus szépségében, egyre távolabbról látjuk hátulról. Eleinte csak a vállait... aztán a hátát... aztán az egész testét... És micsoda öröm: bizony nincs rajta ruha! Ő már csak ilyen: aki ruha nélkül alszik! A való életben soha senki nem tesz ilyet, de egy népszerű történetben egy vonzó karaktert még vonzóbbá tesz, ha ruha nélkül alszik, mert akkor a néző és olvasó elképzelheti, hogy milyen lenne, hogy ő is vele aludt volna ebben az állapotban! Ugyanis romantikus együttlét két emberi lény között kizárólag akkor történhet, ha az egyikük eleve ruha nélkül feküdt le aznap éjjel. Ha ruhástul megy valaki lefeküdni, akkor egyszerűen képtelenség szeretkezni.

Tehát egy hollywoodi sztár esetében nagyon fontos, hogy a gyerekcsinálási képesség hangsúlyozva legyen, és mindig meztelenül aludjon, különben a nézők szar alaknak fogják gondolni.

Ennél a jelenetnél tehát, amikor meztelenül feszít az erkélyen, és hátulról látjuk őt, Jacknek kivételesen mégis dublőrt kellett használnia. Egy úgynevezett „seggdublőrt", mert habár Jacknek tökéletes, Dávid-szobrot megszégyenítő teste van, ilyenkor a reggeli órákban valamiért nem olyan feszes a hátsója, mint kéne. Ez pedig borzalmas nagy probléma. Ezért is kellett leírni. A dublőrnek lényegesen feszesebb ilyenkor a reggeli órákban, ezért is fizetnek neki dollármilliókat, hogy most Jack helyett az erkélyen álljon.

Egy gond van csak sajnos: az, hogy a dublőr egyáltalán nem hasonlít a főszereplőre. Jack egyenes barna hajú, százkilencven centiméter magas, nádszál derekú, széles vállú férfiisten. Ez a dublőr pedig egy alacsony, kopaszodó göndör vörös hajú, köpcös kis öregember. Nem baj! Ezt úgysem veszik észre, ugyanis mindenki csak a hátsóját bámulja. Habár a dublőrnek minden testrésze szánalmas látványt nyújt, a hátsója viszont fenomenális! Nem csoda, hisz épp a múlt héten műttette meg. Tömetett bele elég szilikont ahhoz, hogy szép legyen. Sokat fizetett érte, hogy most büszkén itt domboríthassa az erkélyen.

Miután Jack kigyönyörködte magát a dögunalmas látványban, úgy döntött, edzeni megy, ugyanis eredetileg ezért jött ide: Azért is, mert feleségével iszonyatosan összevesztek, de azért is, hogy még tovább gyúrja magát a hegytetőn, mert még nem volt elég kövér a feje.

Edzés előtt reggelire általában zsírt evett töményen. Minek hígítani? Ne aprózzuk el! Ha raknánk egy kis rántottát is a zsír tetejére, az csökkenthetné a kalóriaértéket! Így sosem lesz az ember igazán nagydarab, ami vonzó. Jack a zsír mellé karamellás tejet ivott, mert úgy a finom. Azért nevezte karamellás tejnek, mert volt benne tej is. Nem sok: Egy-két evőkanállal az esztétikusabb, vonzóbb vizuális élmény kedvéért. A többi, kilencvenkilenc százalékban olvasztott cukor volt. Kellett a kalória az edzéshez.

Ezzel a zseniális módszerrel három nap alatt máris tizenöt kilót hízott. Ő persze képtelen hájra hízni, tehát teljesen mindegy, hogy mit eszik és mit csinál. Vannak emberek, akik genetikailag nem hájasodnak. Ha többet esznek, általában még izmosabbnak tűnnek. Ezért is borzasztó fontos, hogy hülyére eddzék magukat, ugyanis TV-nézéstől is képesek izmosodni, ha többet zabálnak.

Ettől függetlenül Jack nagyon komolyan vette az sportot. Nem azért, mert emiatt izmosodott, hanem azért, mert ez nagyon megnyerő a nézők számára, ha a főszereplőben iszonyatos kitartás van. Mindenki megrendülten tudja nézni, amikor az imádott karakter sírva mászik fel négykézláb a hegyre, csak azért, hogy elérje azt a nevetséges célt, amit az író kitalált neki.

Tehát minden reggel a hegytetőn állva hadonászott, mint egy idióta. Ilyen mozdulatokat senki sem tesz verekedés közben, de ez azért marha jól mutat, és érezteti a nézőkkel, hogy harcművészetek terén komoly szaktudással rendelkezik. Miközben a hegytetőn „katázik" (ez egy japán szakkifejezés, amit csak a titkos beavatottak ismernek, mint Chuck Norris), nemcsak a helikopter repdes körülötte, hogy mindezt szorgalmasan HD-minőségben lefilmezze, hanem egy kőszáli sas is köröz a leolajozott izomzatú harcművész körül. Néha ádáz vijjogást is hallunk a messzi távolból, de ezt a hangot nem a sas adja ki magából, ugyanis egyrészt egy sasnak totál más hangja van, másrészt ezt utólag keverték rá a Dolby Surround hanghatások miatt. (A felvételen hallható vijjogás valójában egy kőszáli lógó nyakú vércsétől származik, ahogy egy nála jóval nagyobb méretű madárral próbál kalandvágyból nemi életet élni. Ezt fontos volt itt megemlíteni, ugyanis később rendkívül lényeges lehet még a cselekmény szempontjából.)

Ahogy a sas körözés közben néha veszélyesen közel kerül a hadonászó kung-fu mesterhez, olyankor még látványosabb a jelenet! Már-már olyan, mintha nem is csak saját magának (és a nézőknek) tartana harcművészeti bemutatót, hanem inkább az óriási, vérengző madárral hadakozna. Lehet, hogy valóban a madárral harcol? Nem! Csak nem vette észre, hogy az körülötte legyeskedik (azaz sasoskodik).

Most Jack fárasztó Taekwon-do katájában épp a halálugrás résznél tart, amikor négyes szaltóval a másik arcán landol, hogy porrá zúzza ellenfele petevezetékét... de hoppá! Véletlenül lecsapta a sast! Állj! Állj! Ez nem volt benne a jelenetben! Jack nem veszi észre. Szinte megittasult önnön nagyságától, hogy milyen szépen sikerült kivitelezie a nehéz mozdulatsort. Észre sem vette a rommá tört madarat, ahogy élettelenül hull alá a Himalája tetejéről, bele a hátborzongató mélységbe. Végül is védett madár volt, nem kár érte! Valaki majdcsak kifizeti ezt is...

A lényeg, hogy Jack jól érezze magát. És ő bizony nagyon jól elvan ott a Himalája tetején. Le is van olajozva rendesen, mintha izzadna az erőfeszítéstől. Pedig az valójában csak olcsó étolaj, ami úgy bűzlik, mint egy trágyadomb. De a Himalája tetején ugyan ki érezné ezt?

„A Himalája *tetején*"?! Nem túlzás ez egy kicsit?

Miért, mit várt helyette? Ha már egyszer Tibetben van, akkor majd biztos egy szar kis domb tetején fog edzeni, nem?

De hát hogyan jutott fel oda? Ráadásul egy szál gatyában, mezítláb, a mínusz ezerötszáz fokban?

Az ilyen részletekbe kár lenne belemenni! Ugyanis akkor az a kérdés is felmerülhetne, hogy miért karatézik Taekwon-do katát bemutatva judo-nadrágban egy kung-fu mester?

Tehát miután sikeresen megölte véletlenül az utolsó példányt ebből a ritka, védett madárfajból, úgy érezte, eleget edzett, és végre felkészült rá, hogy elfogja a gyilkost! Most mondhatnánk, hogy zoknit húzott, utána bakancsot és váltónadrágot (azaz *előbb* nadrágot, mert különben nem tudta volna felhúzni a bakancstól), utána meg kabátot, amit becipzárolt... és utána beszállt ő is a helikopterbe, hogy az levigye őt erről a rohadt hideg helyről. De ez így túl hétköznapi lenne és unalmas.

Megdőlne a főszereplőről (tévesen) kialakított istenszerű képünk, amivel már órák óta hergeljük magunkat ok nélkül, hogy „Mennyire csinos ez a Jack!", és „Mennyire jól tud karatézni!".

Tehát aki le van olajozva, és „jól tud", az nem száll be szánalmas helikopterekbe, és nem húz olcsó, Kínában készített műszálas zoknit a kigyúrt lábfejére.

Jack tehát egyszerűen *leugrott* onnan a hegytetőről, és kész!

Miért olyan nagy dolog az? Az emberek leugranak helyekről, nem? Szokták is mondani, hogy „Figyelj! Ugorj már le, ha ráérsz!" vagy „Leugranál délután tejért?".

Képzeljük tehát úgy, hogy Jack is leugrott tejért. Így könnyebb feldolgozni ezt az elképzelhetetlenül hülye jelenetet. Nem kell mindenbe belekötni. Van, ami csak a látvány miatt kell.

Ez egyébként a való életben is ugyanígy működik: *Látványpékségeket* is ugyanezért nyitnak bizonyos emberek. Ott is filmtrükkökkel oldanak meg mindent. Nehogy már valaki azt higgye, hogy valóban kenyeret meg kiflit árulnak! Az csak számítógépes grafika, megtévesztés! Azok a cégek nem árulnak élelmiszert, de ezt *nyilván* mindenki tudja. Sokan jártunk már úgy annak idején, hogy megpróbáltuk egy ilyen látványpékségben hányásig zabálni magunkat kakaós csigával, de mivel az étel rajzolva volt, nem pedig igazi, ezért csak nem jött az a hányás semmilyen irányból! Ugye, mekkora csalódás volt? Nyilván Önök is emlékeznek rá, hányszor jártunk így mindannyian!

Tehát a látvány az már csak ilyen dolog. Nem lehet vele sem jóllakni, sem elhinni nem kell.

Úgyhogy Jack látszólag leugrott közel kilencezer méter magasságból. Valójában állítólag nem leugrott, hanem le*esett*, és meg is halt. Úgy hírlik, hoztak helyette egy pontosan ugyanolyan színészt. Mivel nincs köztük semmilyen különbség, így nem számít a csere. De hogy tényleg ez történt-e, az majd a végén kiderül. Haladjunk hát tovább zavartalanul, és most már tényleg ne tartsuk fel magunk mögött a sort!

Miután Jack (vagy a másik színész) visszaért a szállodába, eldöntötte, hogy már épp elég kövér, tehát ideje lassan visszaindulni. Kövéren nemcsak a bűnelkövetőket fogja jobban letartóztatni, de ilyen külsővel végre a házassága is rendbejön majd!

Ugyanis Amerikában a legtöbb középkorú nyomozó pocakos. Ennek nem lehet más oka, minthogy a rendőrök feleségei kimondottan *erre* gerjednek. Jack már alig várta, hogy a felesége is begerjedjen férje korai elhízását látva! Kopaszodni sajnos nem tudott úgy, mint a legtöbb korabeli rendőr, de reménykedett benne, hogy előbb-utóbb a haja is hullani kezd majd, és akkor teljes lesz már az összkép hozzá, hogy végre boldogan szexelhessen otthon ő is.

Gyorsan lefoglalt hát egy rakás repülőjegyet vissza New York-ba. Igen, látszólag ő egyedül tartózkodik itt, de valójában egy csomóan vannak a stábban, akik filmezik meg leolajozzák. Nekik is kell jegy! Ők ne menjenek haza? Továbbá a seggdublőrnek is valahogy vissza kell jutnia szülőhazájába. Mihez kezdene hosszú távon Tibetben? Ott az ő szakmájával elég keveset lehet keresni egy Buddhista kolostorban. Ezért mindannyiuknak jegyre volt szüksége, mert anélkül könnyen ledobják az embert a repülőről.

Jelenetváltás!

És Jack máris Amerikában van!

Ugye milyen mesterien bánik e könyv szerzője az írói eszközökkel? Az ember normális esetben arra számítana, hogy végig kell ülnünk az egész unalmas repülőutat Tibetből Amerikába, ami ki tudja milyen messze van onnan? (Lehet akár több kilométerre is!) Így viszont egy apró irodalmi trükkel, írástechnikai bravúrral a könyv írója észrevétlenül megoldotta, hogy a főszereplő egyik pillanatról a másikra átkerülhessen egy teljesen más helyszínre anélkül, hogy az olvasó erről menet közben bármennyire is tudomást szerezne!

Jack tehát valójában pontosan 23 óra 45 percig utazott, így neki szegénynek végig kellett ülnie az utat. Nekünk viszont nem! Ezt ne akarjuk mindenáron megtudni, hogy az író hogyan csinálja. Azért is képes *ilyen* szintű regényeket írni, mert ugye *vannak* bizonyos képességei. Elég ha ennyit tudunk.   :)

A detektív abban a pillanatban, hogy beteszi a lábát az országba, máris a gyilkos kiléte foglalkoztatja. Még fogalma sincs róla, hogy egyáltalán van-e gyilkos, és megöltek-e valakit az elmúlt tíz évben, de ő akkor is tudni akarja, hogy ki az, és mit tett!

Fel is hívja a barátait a New York-i rendőrségnél (ők egyébként valójában a kollégái, mert ők is ott dolgoznak). A kollégák elmondják, hogy bizony, amióta Jack réges-rég elutazott három nappal ezelőtt, azóta ismét felüté fejét a gonosz! Úgy is emlegetik, hogy a „Kibertéri Gyilkos". Ugyanis ott lakik! Megadta nekik az otthoni lakcímét a barma, és épp érte mennek tizenhatan, hogy letartóztassák. A kollégák (Jack barátai, akik nemcsak ott dolgoztak, de köztudottan a barátai is voltak, mert jóban volt velük) azt is elmondták, hogy a gyilkos igazából még senkit sem ölt meg. A Facebookon szórakozik, és fényképeket cserélget ki.

Jack egészen rosszul lett ennek az *ocsmányságnak* a hallatán! Ki az öreg Isten képes ilyesmire? Magatehetetlen nők arckönyvét feltörni? Hát mit kell már megint hallania? Kutyás fotók kicserélése sintértelepek fényképeire? Macskás képek kicserélése *borzra*?! De hisz a borz, az undorító! Annak szőre van! A gyilkos csak úgy bejelöl embereket, aztán válasz nélkül hagy mindenkit, mint aki udvariatlan? Na, álljunk már meg! Ezt a velejéig rossz arcú, gonosz elmebeteget azonnal meg kell állítania! Nehogy már hozzányúljon gombolyaggal játszó cicás képekhez! Azért mégiscsak kell, hogy legyen erkölcs ezen a beteg világon! Jack azonnal futott hát letartóztatni a gyilkost úgy, hogy közben a bele majd kiszakadt a sietségtől!

Na-na! Azért ne olyan gyorsan! Jack egy kissé előre szaladt volna a cselekményben, ha az író meg nem állítja. Még szerencse, hogy a szerző figyel, különben már ki tudja hol járnánk? Lehet, hogy akkor ez rég nem thriller lenne, hanem valami történelmi romantikus regény, azt pedig senki sem akarhatja őszintén, hiszen az olyanokban mindenféle dátumok vannak és *érzelmek*, régies nyelvezetű kosztümös jelenetekkel. Azokban alig van vér meg perverzió!

Tehát, amíg Jack leül, megnyugszik kicsit és elmúlik a hisztériás rohama, váltsunk inkább újra jelenetet, és nézzük meg, mit csinál a „rohadék"!

Harmadik fejezet: A „rohadék"

Bármily meglepő, de a „rohadék" már megint nem nyugszik. Azaz még mindig. És mi ez az ocsmányság, amit itt művel? Nincs rajta ruha!

Ugyanis a főhős minél inkább meztelen alvás közben, avagy akár erkélyen való feszítés közben, annál boldogabb lehet a közönség. A gyilkos esetében ez pont fordítva működik: Lehet akármennyire is jóképű és izmos, ő mindenképp undorító marad. Ő soha életében nem volt még indokoltan meztelen (ugyanis nyilván még sosem fürdött, és átöltözni sem szokott). Charles tehát bármikor is mutatkozna ruha nélkül, biztosak lehetünk benne, hogy az nem normális dolog, hanem csak a beteg kéj hajtja. Elképzelhetetlen, hogy egyszerűen csak lezabálta magát kolbászzsírral, és pólót kell váltania.

Nem! Ha nincs rajta ruha, akkor valószínűleg épp vigyorogva, izzadva markolássza magát mindenféle helyeken! Az ember ilyenkor jobb, ha elfordul. Forduljunk hát el mi is, mert lehet, hogy rosszkor váltott ide a jelenet!

Mégiscsak jár valami minimális magánélet ennek a nyomorultnak, nem? Hadd markolássza már azt, ami neki jólesik! Az előítélet nem szép dolog, és senkinek sincs joga másokat elítélni. Még akkor sem, ha ez undorító és *szánalmas*! Előítélet lenne ilyesmit leírni és kommentálni. (De attól még akkor is szánalmas!)

Charles, miután kielégülten és nedvesen kimarkolászta magát (valójában csak sajtos chipset evett marékszámra egy zacskóból, és izzadt egy kicsit, mert elromlott a klíma), visszaült a számítógéphez, hogy újabb emberek életét tegye tönkre. Azzal szórakozott, hogy gyanútlan polgárok önbizalmát tiporta bele a sárga földbe... vagy le a sárig, vagy hogy mondják.

Mindenhol, ahol kritikaként „csillagozni" lehet az interneten, Charles biggyesztett mindenre egy-egy csillagot. Na de ezt nem dicséretnek szánta ám, mint amikor az ember gyerekkorában csillagot meg piros pontot kap, ha jól viselkedik az óvodában! Charles ezt „lehúzó" kritikának szánta, aminek iszonyatos következményei lehetnek. De vajon, hogy csinálta ezt a trükköt? Hát úgy, hogy igazából nemcsak egy csillagot lehetett ám adni egy adott könyvre vagy akár filmre, hanem *ötöt*!

Ő mégis csak azért is *egyet* adott, hogy éreztesse az alkotóval, hogy mennyire szar a munkája! Képzelhetjük, milyen érzés volt ez az adott mű szerzőjének, aki naiv, karon ülő gyermek módjára rendezett, mondjuk, egy filmet több milliárd dollárból, aztán mártírként kirakta egy filmes adatbázis oldalára, hogy szapulja csak mindenki, akinek jólesik. Charles ezzel élt vissza! Az emberek jóhiszeműségével!

Nem azért tesznek fel az internetre alkotásokat, hogy mások lepontozzák. Soha senki nem ad semmire rossz pontot, mert a világon csak jó emberek élnek. Charles mégis megtette!

„Micsoda egy szar alak!" – mondhatnánk. Na de egy thrillerbe mégiscsak kell negatív szereplő, nem? Most akkor legyen inkább jó ember, aki csupa maximális pontszámot ad, még a legelcsépeltebb szemétre is? Egy gyilkos nem fog se jó pontot adni, se építő kritikát írni az interneten. Naivság volt ezt feltételezniük róla! Egyáltalán, hogy gondolhatták ezt mindvégig?

Nem! Egy gyilkos általában lefelé pontoz, és mindenre pusztító kritikát ír. Tehát nem felhívja az alkotó figyelmét a javítható hibákra, hanem direkt kijavíthatatlan égbekiáltó bűnöket taglal a végtelenségig! Nem meglátni próbálja benne a jót, hanem szándékosan észre sem veszi! Olyankor egy film esetében, ha nagyon tetszik neki a jelenet, egyszerűen továbbteker, hogy ne is lássa! Könyvek esetében ilyenkor a gyilkos kitépi a lapokat, és megzabálja, közben hisztérikusan markolászva magát. (És olyankor *tényleg* nem chipset eszik ám! Hanem pufi kukoricát.)

Tehát épp ily módon pusztított Charles az interneten. Rengeteg ember halt már meg miatta. A rendezők egymás után dőltek a kardjukba hollywoodi otthonaikban. Ráadásul mivel már (állítólag) nem a középkorban élünk, így kardja egyiknek sem volt otthon. Mehettek hát el több száz kilométerre kényelmetlen Mercédeszeikben, hogy vegyenek valahol egy jó hosszú, kihegyezett vágóeszközt. Aztán meg újra vissza haza... közben végigvárva a hatalmas kocsisort az év legmelegebb napján, a legnagyobb dugóban, az öklüket rázó, dühödt autósokkal vitatkozva... hogy aztán a végén majd otthon jól a halálba öljék magukat azzal az életlen, hideg pengével! Hát ennyire volt kártékony Charles. Még akkor is, amikor valóban chipset evett ahelyett, hogy odalent már megint azt csinálta, hogy...

De hoppá! Most a gyilkos valami más munkába kezdett! Levelet ír!

Nem kézzel, hanem egy napilapból betűket vág ki ollóval, majd ragasztóval egy fehér lapra helyezi őket. Összevissza keni a Palmatexet, borzasztó ügyetlen! Lecsöppentette a ragasztót még *oda* is!

Hogy fogja tudni kiszedni a szőnyegből?

Igen, a *szőnyegre* cseppent le a ragasztó! Miért, Ön mégis *mire* gondolt?! Csak azért, mert valaki teljesen meztelen, még lehet otthon szőnyege, nem?

Charles megcímzi a borítékot. Feladóként a „Kibertéri Gyilkos" nevet írja rá, a címzett pedig a New York-i Rendőrség, azon belül pedig „a nyomozó, aki az én ügyemmel foglalkozik".

Nahát! Ezek szerint így juttatják el a thrillerekben a borítékot a gyilkosok az őket üldöző detektíveknek?! Miért gondoltuk eddig, hogy mindig tudják a nevüket? Hisz honnan tudhatnák? De végül is a rendőrségen már csak tudják, hogy ki milyen üggyel foglalkozik. Hogy ennek a Charlesnak mennyi esze van! Nem hiába hacker, cracker meg virtuális valóságokban közlekedő kiber punk.

És nagyon jól következtetett, ugyanis Jack végül tényleg megkapta a borítékot! Hogy ezt honnan tudjuk? Onnan, hogy épp *most* olvassa a belőle kivett levelet. Ugyanis menet közben az író *megint* észrevétlenül jelenetet váltott úgy, hogy az olvasók észre sem vették. Erre más író nem képes! Mások úgy váltanak jelenetet, hogy az ember beleszédül, van, aki hányingert is kap. Sőt! Van, aki nemcsak kap, de szó szerint lábszáron okádja magát a szédítő forgástól!

Tehát már a New York-i rendőrségen vagyunk, és Jack a borítékból óvatosan kivett levelet nézegeti. Amikor meglátja a levél feladóját, kissé undorodva távolabb tartja magától. Ki tudja ugyanis, hogy hol járt a gyilkos keze közvetlenül azelőtt, hogy neki írt volna levelet? Az ilyenek állandóan markolásznak odalent dolgokat: például chipset, ha véletlenül leesik a földre egy darab. Ilyenkor, ha az ember a földön kotor, előfordulhat, hogy koszos lesz a keze. Jack erre gondolt, és kirázta a hideg. Gyűlölte azt a mocskot, ami a padlón szokott lenni.

Nemcsak a gyilkosok lakásaiban undorodott az ilyesmitől, de még otthon is. Feleségének többször szólt is húsz évnyi házasságuk alatt, hogy takarítson emiatt a fura jelenség miatt, amit kosznak hívnak, de az asszony sajnos hajthatatlan volt ez ügyben. A feltűnően jó alakú szépség ugyanis nem szeretett takarítani. (A nő testi adottságai azért nagyon fontosak, hogy ne csak a női, de a férfi olvasók is tudjanak már végre szimpatizálni valakivel. Igen, ez az asszony bizony őrjítően vonzó és buja, és mindig csak Önre gondol, kedves Uram!)

Tehát Diane, Jack felesége nem volt egy takarítós típus. (Ez azért fontos, mert kellett végre egy ürügy, hogy kiderülhessen a neve. Ez már a második epizód közepe, és eddig még *egyszer sem* volt említve!)

Diane nemcsak azért nem takarított, mert nem szerette csinálni, hanem azért is, mert nem tudta, hogyan kell. Annak ellenére ugyanis, hogy őrjítően szexi, provokatívan mélyen dekoltált ruhákat hord, továbbá igéző tekintetű, hamvas bőrű és telt ajkú, ettől függetlenül az IQ-ja sajnos körülbelül hatvankettő. Eleinte Jacket nem igazán zavarta ez a dolog, mert mi tagadás, nem az eszéért vette el, de később felmerült benne, hogy így nem lesz könnyű húsz évig együtt élni, ha a nő még a kezét sem tudja egyedül megmosni. Bizony jól gondolta! Nem volt könnyű Diane-nel ez a már két súlyos évtizede tartó házasság. Az asszony többnyire csak mereden ült, és mereven nézett maga elé. Vagy pont fordítva? Mindegy! A lényeg, hogy nehéz volt szót érteni vele. Ugyanis kevés szót ismert. És azt a meglévő néhányat próbálta kínkeservesen variálni, hogy mondatokká formálja őket.

Amint Jack hazaért tibeti útjáról, rögtön vetkőzni kezdett, hogy szeretkezzenek. Beszélgetni nem sok értelme volt a feleségével. Még szerencse, hogy a nő nem számított kimondott agytrösztnek és memóriabajnoknak, ugyanis azon romlott meg a házasságuk, hogy Jack állandóan félrelépett. De Diane mindezt szerencsére már maradéktalanul elfelejtette három hosszú nap alatt, és könnyes szemmel, örömmel ölelték egymást pucéran.

Amíg ők végeznek ezzel a dologgal..., az író szeretné Önökkel közölni, hogy ez most egyébként nem a női nem földbe tiprása akart lenni (vagy le a sárig), hogy a főszereplő felesége ennyire együgyű. Nem! Ez kimondottan az olvasók érdekében történik, ugyanis, ha a zseni felesége is zseni, akkor hogyan mehetne majd tönkre a házasságuk? Kell rá valami ürügy, hogy jól összevesszenek, és a közönség reménykedhessen, hogy „Szerencsétlen Jack egyedül maradt! Akkor most majd biztos belém szeret!". Tehát akármilyen szomorú ez a tény, hogy nyomorult Diane körülbelül annyira értelmes, mint egy zsák répa, mégis örüljünk hát ennek, és nevessük ki őt jó alaposan, mert ezáltal lesz Jack ismét újra facér, hogy aztán már csak majd minket szeressen!

Jack tudja, hogy nem szép dolog elkalandozni *menet közben*, de azért csak eszébe jutott egyszer a gyilkos kiléte, és ez megint nem hagyta nyugodni.

Miközben jutott eszébe mindez?

Hát az autóban, mikor már elbúcsúzott a feleségétől, és épp megy vissza dolgozni. Mégis Ön *mire* gondolt?

Bizony, valóban nem szép dolog elkalandozni vezetés közben, mert az ember árokba hajthat vagy frontálisan kamionokkal ütközhet össze. Olyankor pedig minden kamion fel szokott robbanni, és háztömbnyi méretű lángoszlopok csapnak fel az égig mindenféle váratlan helyekről. Ezt nem akarhatjuk! (Még akkor sem, ha valóban látványos lenne, és jólesne már végre egy kis rohadt akció!) De akkor is jobb, ha az ember az útra figyel. Jack mindig az útra figyelt, mert felelősségteljes ember volt. Még szex közben is az útra figyelt: Térképeket nézegetett, és előre megtervezte másnapi útját. Az ember nem lehet eléggé elővigyázatos.

Jack véleménye szerint (ami pedig valljuk be, sokat nyom a latba, hisz ő már milliók példaképe) jobb biztosra menni. Így fogamzásgátlót is szedett, hogy ne érje baj. Korábban ugyanis a rendőrtiszti főtisztképző iskolában, a szexuális oktatáson azt mondta nekik az oktatónő, hogy fogamzásgátló nélkül bizony könnyen bajba került nőként végezhetjük, ha nem vigyázunk. Jack semmiképp nem akart bajba kerülni, bajba került nőként meghalni pedig végképp nem. Ezért is szedte hát a fogamzásgátlót, azaz a női hormonokat. Ettől néha ugyan sírógörcsöt kapott, de ezt senki sem tudta be negatívumnak. Inkább még vonzóbb lett, hiszen „Olyan érzelmes ez a fickó! Egy igazi férfi!". Jack tehát hiába zabált zsírt, és tömte magát transzszexuálisra hormonokkal, hál' Istennek semmi sem ártott neki. Szerencsés alkat volt. Olyan szempontból is, hogy közben azért csak felrobbant az a bizonyos kamion ott az úton óriási lángokat vetve, és Jack túlélte!

A lángok az égig csaptak! De mikor és hogyan történt a robbanás? Jack elkalandozott volna? Hiába, a női hormonok bizony néha kissé labilissá és dekoncentrálttá teszik az embert, pláne, ha valaki húsz éve szedi teljesen ok nélkül. Jack nemcsak, hogy nem vette észre a frontális ütközést, de ő maga is okozta azt! Ugyanis négyszer-ötször elaludt vezetés közben. De azért ne legyünk vele túl szigorúak! Biztos nem direkt csinálta. A kamionos sem lehetett annyira jó ember a négy gyerekével, akik apjukkal mind a kocsiban ültek. Most mindannyian szénné égve fetrengenek Jack miatt a Pokolban. Semmi baj, hiszen a végén ő fogja elkapni a gyilkost! Ki foglalkozik már menet közben olyan apróságokkal, mint egy ritka sasoskodó madárfaj, ami végleg kihalt forgatás közben, vagy akár egy család, aki a saját butaságának köszönhetően „belegyalogolt a kereszttűzbe háború idején"?

Jack egész élete ugyanis egy merő háború (na meg izgalom)! Nem ér ő rá megállni, és fogni a kezét valakinek, amikor annak nyafogni támad kedve! Ő gyilkosokat üldöz, akik emberekre támadnak a Facebookon! Nem fog sem lassítani, sem megállni, bármi is történjék!

Ha közben robbannia kell valaminek, hát hadd robbanjon! Lehet az benzint szállító kamion, benzinkút, vagy akár a pápa golyóálló üveggel borított, benzint szállító autója is! Teljesen mindegy, hogy mi, csak sok benzint szállítson, az ugyanis nagy lánggal ég az országút közepén, mint az olcsó német bűnügyi filmekben, melyekben ironikus módon kizárólag *német*juhász kutyák nyomoznak.

Ekkor több robbanás hallatszott. Egymás után vagy tizenöt! Hányszor aludt hát el ez a Jack útközben?!

Negyedik fejezet: Tele robbanásokkal!

Ekkor váratlanul kiderült, hogy már az első kamion *sem* Jack miatt szállt fel lángokba borulva! Ugyanis most látta csak, hogy egymás után robban fel minden autó az úton. Nemcsak a kocsik, de még a biciklisták is! (A látvány kedvéért.) Volt, amelyiknek a feje robbant le, némelyik pedig a levegőbe repült az üléssel együtt, és aztán visszazuhant a vázrúdra, de ülés nélkül, úgy, mint a saslik!

Hát igen... vannak dolgok, melyek rosszabbak, mint amikor egyszerűen csak lerobban az ember feje.

„De hát mi okozhatta ezt a cirkuszt?" – gondolta magában Jack. – „Ennyire senki sem tud hackelni, hogy a városban minden a levegőbe repüljön!"

Pedig *de*! Charles pontosan *ennyire* tudott. Mindent meghackelt, mivel megérezte, hogy Jack jó nyomon jár. Valószínűleg azért érezte, mert pár órája Jack megkapta tőle a rendőrségen azt a levelet, melyben pontosan leírta neki az otthoni lakcímét, és útbaigazítást is adott mellé, hogy melyik úton ér oda leghamarabb.

Ezért adta hát meg a címét! Mégis mit gondoltak, hogy ennyire hülye a gyilkos? Tény, hogy az, de most akkor sem ezért adta meg! Ez egy aljas csel volt: Ugyanis előre mindent meghackelt számítógépes crackekkel, txt fájlokkal, Word dokumentumokkal meg ilyenekkel, hogy amikor Jack személygépjárművével gyanútlanul halad a városban a gyilkos lakása felé közeledve, akkor majd minden az arcába robbanjon! A gyilkos megbuherálta a közlekedési lámpákat a kibertéren keresztül, hogy máshogy villogjanak, és ne pirosssat mutassanak, hanem ződet! Na, az a nem mindegy! Charles a parkolóórákat is kihackelte, hogy azok is robbanjanak, ha valaki százmillió kilométeres körzetben megközelíti őket. Már mindent ő irányított a városban. Úgy volt vele, hogy ha egyszer ilyen sokat tanult az informatikáról a hivatalos hacker tanfolyamon, akkor hadd mutassa már meg, hogy mit tud! Végül is ezért tudhassa aztat a sok mindent, hogy bárkinek megmutathassa! Aztán majd jól megláthassák!

Ezek mellesleg egy ideje már nem az író szavai. Ez Charles kifinomult egyéni beszédstílusa. Ő annyira művelt és annyira cyber punk, hogy már unja a hagyományos, helyes beszédet. Egy igazi punk semmit sem csinál béna, konformista módon. Az a „cool"-ság, ha szándékos hibákat vét az ember. Ő már évek óta így beszélt egyébként, de mivel eddig *egyetlen árva* párbeszéd sem volt ebben a könyvben, így sajnos még nem esett szó erről, hogy mennyire modern és szórakoztató, ahogy a gyilkos kifejezi magát. Részben azért sem említhettük ezt eddig, mert nem akartuk, hogy a gonosztevő esetleg még a detektívnél is szimpatikusabbá váljon. A végén még kiderült volna, hogy Jack a másikhoz képest csak egy seggfej.

Charles tehát, mivel hosszú évek alatt komoly tudásra tett szert például Wordben és intézőben, így már mindent meg tudott hackelni. A taxik lámpája is mind foglaltra váltott az egész városban. A városban? Az egész tetves világon! Soha többé nem lett egy taxisnak sem fuvarja, mert mindenki azt hitte, hogy foglalt az összes. Éhen is haltak mindannyian! Charles meghackelte a közlekedési lámpákat is. Igen, ez már említve volt, de ez az egyik legjobb ötlet ebben a fejezetben, tehát ismét meghackelte őket, hadd ződüljenek mind! Repültek is a kocsik egymás hegyén-hátán, amikor a kereszteződésben összeütköztek az autók és vonatok ezrei! Ezrei? Legyenek inkább százmilliárdok! Elég széles az út, nem? Elfér rajta több is! Látványt akartunk az előbb, meg robbanó kamiont, mi? Hát tessék! Most akkor itt van!

Van itt vonat is! Sőt, repülők is zuhannak le az égből. Nemcsak utasszállítók ezrei, de komoly vadászgépek is, tele rakétával! Fel is robban az összes egyszerre! Igen, az ilyet is lehet hackelni, mert kompúter vezérli aztat is! Charles tudhassa! Zuhantak hát azok is ezrével pont oda, ahol Jack próbálta épp visszanyerni uralmát személygépjárműkocsija felett.

Iszonyatosan rángatta már a kormányt, mert akkor könnyebb haladni a teljesen üres úton, ha az ember látványos szlalomban közlekedik, mint aki seggrészeg. Na jó, azért nem volt teljesen üres az út, akadt rajta pár millió sérült és lezuhant műholdak is például, amiket szintén Charles tett tönkre, de Jack akkor is kicsit „túlkompenzálta a farolást". Nem csúszott az út, vagy ilyesmi, egyszerűen Jack tudta, hogy a történet már a vége felé közeledik, és ilyenkor aztán adni kell neki rendesen! Minek zuhan le annyi repülő meg műhold, ha ő menetiránnyal megegyezően halálos nyugalomban halad huszonöt kilométer per órával? Beletaposott hát kőkeményen, ment vagy háromszázzal, és közben úgy rángatta a kormányt, mint akinek epilepsziás rohama van szilveszterkor! Ugyanis hamarosan odaér a gyilkoshoz, és legyen már azért kicsit rákészítve a közönség, hogy most izgalom következik!

Újabb útkereszteződéshez ért. Itt is épphogy átcsúszott, mert egy rakás autó ütközött egymásnak ismét! Az összes lámpa összevissza villogott. Gázvezetékek robbantak fel a föld alatt: bele az úton békésen haladó, gyönyörű apácák kitárt ajkai közé!

Azt, hogy Charles hogyan fért ilyesmihez hozzá, mint a gázvezetékek, egyszerű Facebookos gazemberkedéssel... nem lehet tudni. Egyszerűbb, ha elfogadjuk, hogy egy hacker, amelyik kapucniban ül, és árnyékban van az arca, az bármihez hozzáfér!

Ha a megfelelő helyekre küld egy vírust, akár még a folyók is kiléphetnek a medrükből. Nemcsak kifolynak, de szó szerint kiléphetnek, és elsétálhatnak egy másik városba!

Mellesleg az ilyen gazemberek nemcsak béna közlekedési lámpákat tudnak hackelni, de nagyjából bármit! Akár a fekete lyukakat is az űrben, az egész történelmet is, meg a súlyos evolúciót!

Na jó, azt azért nem. Egyébként is, ha ezek ilyenekre képesek, akkor miért ül mindegyik otthon úgy, hogy nem dolgozik, az anyjával él, és odalent markolássza... a chipset, amit lesöpört a szőrös, nagy beléről? „Hát megtévesztésbűl! Hogy aztán ne lássanak a szígyentűl!” – ahogy Charles mondaná punkosan. Nehogy már bárki azt higgye, hogy ne tudna magának barátnőt szerezni, ha akarna. Nem azért szűz még a mai napig is, mert nem tud leakasztani egyet, hanem mert *nincs kedve hozzá*. Végig képes lett volna rá, ha akar. Akár most is! Mégsem teszi. Ez ad ugyanis tartást az embernek, ha férfi létére, vén hülye fejjel még soha nem volt nővel.

Charles tehát sokkal többre képes, mint ahogy azt Ön gondolta. Ugyanis nem mondta meg előre, hogy mi mindenre képes. Így a vége felé sokkal izgalmasabb, ha váratlanul derülnek ki a dolgok, amikor amúgy is minden robban már oldalirányból.

Felrobbant közben Belgium is. Jack az elől is kitért egy ügyes kormányrántással! Több nagyobb méretű óceán is felrobbant. Elég sok volt emiatt a gőz, úgyhogy Jack egy rövid ideig ellenkormányzott. A Kibertéri Gyilkos a vulkánokat is meghackelte kompúterrel, az összeset, ami a környéken volt! Azok is okádták a lávát minden irányból. Szerencsére a korábbi gőz miatt ebből semmi sem látszott, így nem tűnt annyira ijesztőnek a helyzet, különben lehet, hogy Jack ennél a pontnál már egy kicsit aggódni kezdett volna.

Továbbra is rángatta hát a kormányt, mert ilyen esetekben ez mindig segít.

Ilyenkor, ha pánik van és végpusztulás, nem nyugalomra kell törekedni, hogy mindenki épségben elhagyhassa a veszélyzónát. Nem! Ilyenkor rángatni kell a kormányt, mint az állat, hátha a katasztrófa kellős közepén még el is ütünk egy rakás embert feleslegesen. Jack (aki egyébként egyben a főszereplő is) éppenséggel tudott volna egyenesen is haladni géperejű járóművével, ha nagyon akar, de abban mi az izgalmas? Inkább tépte-rángatta hát úgy a kormányt, hogy minden pillanatban egyre közelebb lavírozott a beszakadt út mélyén tátongó lávához, másik oldalon pedig a sáskarajhoz, amelyek valamely okból világvége esetén rajzanak elő. Ezeket már *tényleg* nem Charles hackelte oda. Azok ilyenkor csak azért jönnek, hogy kajánul röhögjenek az emberiségen, ha látják, hogy szorul a hurok, és egyre szarabb a helyzet!

Jacket tehát mindkét oldalról halálos veszedelmek fenyegették: tátongó, lávával teli ősi kráterek és jajveszékelő, fetrengő sáskák. Mögötte pedig közben már egyre közelebb értek az elszabadult vonatok, amelyek elektromos rendszerét Charles teljesen megőrjítette a speciális parancsikon-beillesztős hacker trükkjeivel! Jack előtt továbbra is potyogtak a repülőgépek, a műholdak, komplett bolygók, napok és galaxisok! Odalentről minden irányból ordítva dőlt a láva, ahogy a vulkánok egyszerre törtek ki a professzionális másolós-beillesztős hack hatására. Fentről meg... ja azt már írtuk! Onnan jöttek az előbb a repülők! Milyen irány maradt még akkor?

Hát bentről! Bentről mindenki hányt kifelé! Továbbá démonok robbantak ki a halálra rémült emberek testnyílásaiból. Iszonyatos füst és rovarok formájában törtek elő meglepett, kitátott szájukon keresztül! (És nem csak azon keresztül.)

Hogy itt mennyi minden megesik! Ez most még biztos, hogy ugyanaz a történet? Persze! Ezek a hackerek mindenfélére képesek!

Merről jöhet még esetleg veszedelem? Hát kintről!

Ekkor érkeztek meg az ufók odakintről a világűrből! Ezrével lőtték a frissen „odalentről" kiszabadult démonokat, de nemcsak azokat, hanem a sárkányokat is, melyek a lávában fetrengtek! Nemcsak feküdtek benne, de lávát is hánytak! Innen jött hát a láva, és nem a vulkánokból! A vulkán, az szar! Az nem ordít, mint egy elmebeteg! Egy sárkány sokkal ijesztőbb! Mert nem normális! Akkora, mint a ház, aztán az agya meg, mint egy csirkéé!

A műholdakról közben kiderült, hogy óriási mechanikus rovarketrecek. Élőholt gyíkfejű sáskák másztak ki techno-cyber „koporsóikból", és mind Jacket akarta! Közben a szétrobbant fejű biciklisták rovarhullái elkezdték felfalni a vonatok túlélőit és az ufók kifakadt petefészkeit! Azok meg ekkor már víruslövő gránátokkal bombázták az elnök különgépét, mert az is épp a közelben járt! Mind a tíz! Óriási hiperlövőkkel voltak felszerelve, melyek rothadó démonbáb-dimenziókat tudtak telelőni hányással!

Aztán minden eltűnt!...

Ötödik fejezet: A világvége után

Minden eltűnt. Véget ért a világvége.

Mi maradt hát utána? A nagy semmi? Az üres kozmosz és a történelem előtti őstudat, mely magát Istent teremtette? Amikor még nem volt idő? Amikor még nem létezett tér? Csak kibertér?

Nem! Most is pontosan ugyanolyan minden, mint azelőtt! Valójában semmi sem történt, ez az egész csak computergrafika volt és filmtrükkök. Charles ugyanis beépített egy pici kivetítőt Jack autójába a visszapillantó tükörbe, és a detektív emiatt látott ilyeneket.

Persze! Hogy is történhetnének ilyesmik, mint az előző fejezetben? Azért olyanokra már Charles sem lehet képes. Végül is ott tartottunk, hogy Facebook-profilokkal szórakozik. Igaz, volt otthon egy kis kivetítője, amit Kínából rendelt tizenegy dollárért postaköltséggel együtt prioritással, és beszerelte Jack autójába. Ennyit tett valójában. Ezt is majdnem elrontotta, mert kétszer rájött közben a székelés az izgalomtól.

Sőt, tényleg elrontotta, ugyanis a csoda elég hamar bekrepált. Végül is mi mást vártunk volna? Hiszen minden csoda három napig tart. Kínai csodák esetében ezek szerint sajnos elegendő negyvenhárom perc is.

Charles amikor *látta*, hogy már nem fog beválni gonosz terve azzal kapcsolatban, hogy Jacket az őrületbe (vagy remélhetőleg a halálba) kergesse, úgy döntött, ezek után elég volt a szarozásból. Ezentúl kesztyű nélkül fog bánni a „rohadék" zsernyákkal.

(Megjegyzés #1: Charles valójában természetesen nem „látta", hogy elromlott a speciális kivetítőszerkezete, hanem csak érezte. Ugyanis neki is volt azért néhány hatodik érzéke. Nem hiába gyúrt azokra a bicepszekre még a szőrös vállain is!

Megjegyzés #2: Igen, a „rohadék" szót a gyilkos is használhatja mások ellen, ha sérülni érzi érdekeit s a hatályos jogszabályokhoz viszonyuló törvényadta jogviszonyát.)

Charles tehát végzett a gyermeteg csínyekkel, melyekben holmi világvégét hoz rá az emberiségre!

Úgy döntött, most már ellopja Jack személyazonosságát, hogy az végre asszony módjára zokogjon, és elkeseredésében összekarmolja magát hasmenéstől gyötrődve, ahogy majd retteg a ránehezedő lelki terhektől!

Charles azonnal fel is ment a Facebookra, és elkezdte szisztematikusan feltörni Jack profilját. Neki is volt ugyanis (mármint Jacknek, aki a főszereplő már egy ideje).

Jack általában napi két-háromszáz selfie-t készített magáról, amire rengeteg „like" érkezett. A börtönben sínylődő rabok a halálsoron ritkán lájkolták a képeit, viszont a rendőrség dolgozói (akik baráti kollégái is voltak egyben) annál vígabban és serényebben osztották rá a kedveléseket!

Jack egyfajta művésznek is számított ezen a szakterületen. Nehéz ugyanis megfelelő selfie-t elkészíteni. Nagy gonddal s elővigyázatossággal kell ilyenkor eljárnunk! Ugyanis akár rosszul is sikerülhet, azt pedig nem akarhatjuk!

Egyes szakemberek szerint a jó selfie-nek többféle szempontnak is meg kell felelnie. Van, aki viszont csak úgy zsigerből készít ilyeneket. Jack is ilyen ösztönös, intuitív alkotónak számított, akár egy naiv festő, csak azzal a különbséggel, hogy ő nem egyfajta bárgyú, naiv ökör volt, hanem egy borzasztóan tapasztalt, nyomozó rendőr-detektív, aki egy igazi vén róka a saját szakmájában, őszülő tincsekkel! Számára tehát a „naiv alkotóművész" megbélyegzés kimondottan sértő volt, és több embert le is lőtt azok közül, akik ilyen jelzőket próbáltak meg ráaggatni. Tehát ő zsigerből, veséből készítette a selfie-ket, néha amikor épp boldog volt, akkor szívből is, vagy akár zúzából, krumplival és csigatésztával!

Viszont bármennyire is volt ösztönös alkotózseni, azért bizonyos alapvető szabályokat ő is betartott. Például...

Íme tehát Jack tízparancsolata a selfie készítésről:

#1: Sose készíts selfie-t alulról! Akkor ugyanis lefelé kell nézned, és beráncosodhat a nyakad! Akkor öregebbnek és gyűröttebbnek tűnsz, mint egy Alzheimeres teknős! Sőt! Olyankor egyértelműen látszik, hogy pelikánszerű tokád is van. Egy ilyen képen tűnhetsz akár százhetvennyolc kilósnak is bizonyos szelesebb szeptemberi napokon!

#2: Mindig egyedül selfie-zz! Ebből ugyanis biztos látszik, hogy milyen sok barátod van, és mindenki irigyelni fog majd érte! Ha mindenhol tök egyedül állsz vigyorogva, mint egy idióta, akkor mindenki látni fogja végre, hogy tele vagy haverokkal, és irigylésre méltó életet élsz! Ugyanis ez az egész kizárólag erről szól: az irigykedésről.

#3: Ha még sincs kedved egyedül selfie-zni, akkor egy nálad jóval rondább emberrel szerepelj a képen vigyorogva. Ha a melletted álló személy szarul néz ki, te azáltal lényegesen szebbnek fogsz tűnni, és szerényebbnek is!

#4: Fontos, hogy a „páros" selfie-ken, amikor áll melletted valaki, mindig különböző, más és más ember szerepeljen. Ebből ugyanis látszik, hogy mennyire népszerű vagy, és milyen irdatlan mennyiségű baráttal rendelkezel. Hogy ezt miért ennyire fontos mindenkivel tudatni? Természetesen dicsekvésből, mert az irigység önmagában még kevés lenne.

#5: Második iránnyal kapcsolatos szabály: ne lentről fotózz, mert akkor a rengő zsír szinte ordítani fog a nyakadon! Ehelyett inkább felülről fényképezd magad! Hogy ennek mi értelme van, senki nem tudja, de ez bizony jól néz ki. Vannak azért bizonyos elméletek, melyek szerint minél kevésbé látszik a tokád, annál szebb, vékonyabb és fiatalosabb vagy. Tehát egy hatvannyolc éves, százhetven kiló körüli, almásváradnyoszádi vénasszony a megfelelő szögből tűnhet akár egy tizenhét éves, negyvenöt kilós amerikai bikinimodellnek is! Ez ugyanis fontos, hogy mindig egész mást mutassunk magunkról másoknak, mint amilyenek vagyunk, mert akkor egy idő után mi is elhisszük majd, és akkor már dühöngve ordíthatunk másokkal, ha ők ezt nem hajlandóak velünk együtt elhinni!

#6: Nem elég néhány naponta selfie-t készíteni. Az emberi arc ennél sokkal gyorsabban változik! Ha három-négy percenként nem készítesz legalább négyet, akkor az arcod megváltozhat annyira a következő képig, hogy már a legjobb barátaid sem ismernek majd fel, sőt a saját anyád sem! Gyakran exponáljunk hát, hogy még biztos felismerjenek, és még mindig tetsszünk! Fontos a visszaigazolás! Ha például délelőtt 11 óra 39 perckor jól néztünk ki, mi rá a garancia, hogy ez 11 óra 41 perckor is így lesz majd? Nem árt, ha rendszeres megerősítést kapunk a külvilágtól, hogy még ugyanolyan szépek és cukik vagyunk, mint kettő perccel ezelőtt!

#7: Állatkákkal (cicamicákkal és kutyimutyikkal) ne selfiezz! Azok a bolhás dögök ugyanis túl aranyosak! Ronthatják az összhatást és az önmagadról nehezen kialakított hamis képet!

#8: Ha valaki akár egyet is nem hajlandó kedvelni az általad nehezen elkészített napi háromezer selfie-ből, azt azonnal tiltsd ki, azaz blokkold a Facebookon! Lehetőleg jelentsd is be a Facebooknak, hogy tartóztassák le, és lőjék le a nyílt utcán, mint egy kóbor kutyát!

#9: Magadtól bármikor készíts selfie-t. Naponta akár több ezret is. Akkor is, ha minden ismerősöd lájkolja, akkor is, ha senki. Ha viszont *kérik*, hogy készíts valamiről (például nyaralás alkalmával) vagy küldj valakikről (például gyerekeidről) fényképet a rokonoknak, azt nehogy megtedd! Az egyáltalán nem menő. Sőt, ultra gáz! Egy igazi „jó fej" akkor készít selfie-t, amikor neki van hozzá kedve. Más kérésére vagy egyáltalán nem is válaszol, vagy effektíve sértésnek veszi, hogy egyáltalán zavarták.

#10: Utolsó szabály, ami már nem is teljesen a selfiekészítésről szól, de mégis fontos megemlíteni, ugyanis ez egy életre szóló jó tanács Jacktől: Akármilyen hosszú, kedves, mélyenszántó és érzelmes kommentek érkeznek a fényképeidre, sose válaszolj rájuk hosszabban egyetlen szónál! Ez egy életre romba döntheti a magadról kialakított beképzelt, megjátszós összképet, amin évek óta vért izzadva dolgozol! Tehát bárki is lájkol vagy üzenget kedvességnek szánt marhaságokat (lehet akár a saját anyád is vagy a legjobb gyerekkori barátod), sose válaszolj nekik! Azzal ugyanis kiadod magad, és már nem leszel annyira menő! Inkább tiltsd le a rákba őket is! Abból majd megtanulják, ki a legmenőbb a Face-en!

Jack is így tett. Letiltott ő már boldog s boldogtalant. A saját anyját, a főnökét, mindkét nővérét... a két lányát is, ugyanis túl hosszan kommentálták az egyik selfie-jét, amin cuki volt az őszülő tincseivel. Ez még önmagában nem lett volna probléma, mert végül is ez is hízelgő dolog, *na de azok ketten* választ vártak tőle! Azért álljunk már meg! Ezért tiltotta le Jack még a saját lányait is az Arckönyvön.

Charles látta, hogy mit művel Jack a híres közösségi oldalon, és nem volt túlzottan szimpatikus neki ez a viselkedés. Ő már csak egy ilyen beteg állat, hogy nem kedveli azt, ami „jófejség és menő". Pedig Jack hozzáállása az egészséges. Az ugyanis, amit a többség csinál, nem lehet rossz dolog, még akkor sem, ha azzal a saját anyánkat áruljuk el. Úgyhogy a kibertéri őrült (aki még gyilkos is) ezennel végleg döntött hát Jack személyazonosságát illetően:

– Ütött az órád, te vigyorgó végbéltetű! – károgta Charles vészjóslóan, mint egy gyomorbajos varjú, akinek tífusza van. Jack percei innentől már meg voltak számlálva. (Körülbelül még tizennégy maradt neki.) A jó öreg személyazonosságnak mostantól pápát inthetett!

Charles ugyanis egyszerűen „törölte" Jack komplett „idővonal" albumát a Face-ről! Az összes művészi selfie portréval, melyet nagy gonddal készített gyermek- s felnőttkorában! (A „törlés" egy speciális eljárás a hackereknél, melyet a nehezen megtalálható delete gombbal végeznek. Ilyen tudásra csak több éves OKJ-s hacker tanfolyamokon lehet szert tenni.)

Ezzel a kegyetlen, lelketlen húzással Charles egy életre odavert neki, ahol a legjobban fáj: bele az epék közé! Mire megy majd Jack idővonal meg selfie-k nélkül? Ki fog rá így emlékezni vagy akár felismerni bárhol is?

Komoly hát a veszély s a fenyegetettség!

Hatodik fejezet:
Komoly a veszély s a fenyegetettség

Jacknek oda lett a személyazonossága! Épphogy erősen örült volna már, hogy abbamaradtak a beteges, látomásszerű kivetített képek... hát most meg nem a személyazonossága lett oda?!

Egyből sejtette, hogy internetes hacker állhat a háttérben, ugyanis a gyilkos küldött neki egy olyan fényképet magáról a Facebookon, ahol ő állt a háttérben!

Jack fel is ismerte, hogy a gyilkos az, mert „Kibertéri Gyilkos" volt az illető felhasználóneve, és a fénykép tetejére is odaírták! Ezt Jack a mobiltelefonján látta a Facebook applikáción, mert unalmában szeretett volna készíteni néhány selfie-t, hogy kicsit jobb kedvre derüljön. Annyira szétrángatta ugyanis jogos felindultságában a kocsija kormányát, hogy tönkrement a személyigépjáróműve teljes futóműve, kerekei, váltója és a motor kilencvenhét százaléka is. Mivel a „Jackmobil" hasznavehetetlenné vált, így próbálta volna magát felvidítani néhány felülről elkészített selfie-vel... de egyszer csak észrevette, hogy *eltűnt* az idővonala! Most akkor hová töltse fel a képeit?! Ez számára sokkal rosszabb volt, mint a korábban megtapasztalt világvége! Az ő világának ugyanis *ez* volt a vége, és nem az a szar, amikor sárkányok ordítanak csirke méretű agyukkal a lávából kifelé!

A selfie-ket már gyermekkora óta készítette nagy buzgalommal, és most *mind* odalett! Ki fogja őt ezentúl felismerni, ha három percig nem lesz róla új fénykép? Hát *a* senki!

És ő ezt jól tudta, hogy a senki lesz az!

El is indult hát gyalog a munkahelyére, hogy jöjjön, aminek jönnie kell. A Jackmobil legújabb kiegészítőivel majd úgyis megjavítja magát előbb-utóbb. (Sajnos nem fogja, mert valójában egy harmincéves Ladáról beszélünk, aminek „Jackmobil" feliratú matrica van az oldalán.)

Ismét beérve munkahelyére (felelősségteljes ember lévén gyakran be szokott járni) Jacknek a legijesztőbb borzalommal kellett szembenéznie:

Ott valóban nem ismerték meg! Hát így jár az ember személyazonosság nélkül! Többen nem köszöntek neki. Legkedvesebb kollégái „Szevasz kölyök"-kel köszöntötték, pedig Jack már bizony jóval ötven felett járt. Még akkor is, ha csak egy jóképű negyvenesnek látszott. Volt, aki egész odáig merészkedett, hogy „Asszonyom"-mal köszönjön neki! A kapunál dolgozó őr a fémdetektorral összekeverte Jack-et a saját feleségével, és megpróbálta szájon csókolni! De nyelvvel ám! Az őr, miközben hajolt oda, már előre lefetyelt örömében a nagy felindultságtól!

Jack óriási vetődéssel tudott csak elmenekülni előle! Azzal a sokkoló fajtával, amikor a végén az ember egy az egyben nagyot nyekkenve az oldalára zuhan a porban, néhány bordáját pedig úgy eltöri, hogy azok átszúrják mindenét odabent, ahol azok a gőzölgő, gusztustalan belső szervek vannak! Ezt a fajta vetődést a filmekben gyakran csinálják, és hasznos, amikor el kell ugrani. Jack ismerte ezt a technikát. Még régen, annak idején Tibetben tanulta meg, három nappal ezelőtt.

A kapuőr elől még csak-csak elmenekült, de a gondok itt még nem értek véget. Többen ugyanis szintén nőnek nézték (feltehetően megrendítő szépsége miatt), és érzéki csókokkal akarták elhalmozni a nyakát!

Kénytelen volt néhány tolakodó kollégát (akiket korábban a barátainak tartott) meglőni, mert másképp nem tudta volna megállítani őket. Egyszerűen képtelenség leszerelni egy bókokkal és kedvességgel közeledő embert! Ilyesmit nem tanítanak a Rendőrfőtiszti Főiskolán! Ott csak olyanokról makognak éveken át, hogy mi van, ha fegyverrel jön az illető (olyankor el kell kérni tőle, és kivenni belőle a golyókat) vagy ha késsel próbál döfni, szabályos fentről-lefelé irányban (Olyankor alá kell tenni a saját karunkat karatéj mozdulattal, hogy blokkoljuk a szúrást! Ez annyira hatásos módszer és kiváló ötlet, hogy ilyenkor még véletlenül sem fogja a késes gyilkos csontig átszúrni az alkarunkat!). Tehát a veszélytelen marhaságokra bezzeg megtanították felkészülni, de mihez kezdjen a rendőr, ha valaki csókolózni akar vele, a nyakába lihegni, s szerelmes szavakat duruzsolni a fülébe?

Lelőtt hát mindenkit, hogy biztosra menjen! Próbálta azért nem megölni a kollégáit, ha nem muszáj, de őszintén szólva, azért elég nagy volt a kísértés! Inkább tehát csak szívtájékon és ütőéren lőtte őket, mert abból még ki lehet gyógyulni pár nap alatt! Később ezt meg is köszönték neki a munkatársai, hogy csak enyhébb sérüléseket okozott.

Egy igazi titkosügynök ugyanis, aki detektív, minden ilyen helyzetet megfelelően kezel! Még azt is, amelyben szerelmes verseket írnak neki minden irányból! Akármilyen tragikusnak is tűnjön a szituáció és halálosnak a fenyegetés, neki azért a jövőre is gondolnia kell!

Nem lőhet azonnal fejbe valakit csak azért, mert a gyilkos agymosta az illetőt, és most hipnotikus befolyás alatt áll! Jó barátok is lehetnek a manipulált áldozatok között! Az azonnali fejlövés tehát sajnos kizárt ilyen esetekben, pedig Jack bizony szívesen arcon lőtt volna néhányat közülük (akár mindegyiket!), ugyanis nem volt irigy, amikor golyóosztogatásra került a sor. A rendőrök nagy részét sikeresen meglőtte. Hogy ehhez hány golyóra volt szüksége, azt nehéz lenne pontosan megmondani, de bizony sok tartalék tárat hordott a hóna alatt! A titkos pót-tárakat mindig ott hordta, tehát magát a fegyvert kizárásos alapon csak a hónán tudta hordani, rajta a tetején, mert a hóna alatt már biztos nem lett volna neki hely.

Jack elkeseredetten konstatálta, hogy menekülőre kell fognia a dolgot. Azért mégsem lehet ötvenhét ártatlan rendőrt ok nélkül meglőni egy rendőrségen! A végén még előbb-utóbb gyanúba keveredhetne, és esetleg kérdéseket tennének fel!

Rájött tehát, hogy egyedül kell elfognia a perverz hackert! Nem számíthat senkire. Őrült kell egy őrült ellen! Ő majd leszámol vele, s megállítja, amíg még nem késő. Habár már mindenki őt üldözi, a világnak is talán vége, és a felesége is csak húzódozik... de ő akkor is elkapja! Teljesen egyedül, mert úgy az izgalmas!

Hetedik fejezet: Amikor pofán lövik a gyilkost!

Kérdés: Hogy lehet ilyen fejezetcímet adni egy komoly regénynek?

Válasz #1: Erősen kell gondolkozni hozzá, és akkor az ember ki tud találni ilyen jókat is!

Válasz #2: Végül is magyar nyelven van ez a cím, és a helyesírása is majdnem stimmel. Miért ne lehetne akkor használni?

Válasz #3: Ez tényleg komoly regénynek tűnik?

Kérdés #2: Nem spoiler egyből az elején elárulni, hogy hogyan hal meg a végén a gyilkos?

Válasz #2/2/b2: Ki mondta, hogy így hal meg? Hazudni talán nem lehet?

Jack el is indult teljesen egyedül és eltántoríthatatlanul, hogy két perccel később majd pofán lője a gyilkost szolgálati fegyvernek látszó tárgyával!

Na jó, ezt még ő sem tudta biztosan, inkább csak remélte. Kicsit el is mosolyodott közben, ahogy elképzelte a gyilkos arckifejezését, ahogy már benne van a golyó! :)

El is ment haladéktalanul a gyilkoshoz. Hál' Istennek az ugyanis korábban volt olyan hülye, hogy megadta neki a pontos címét, így nem volt nehéz odatalálnia. Bár Charles eredetileg odacsalni akarta, hogy majd jól halálra haljon útközben a virtuális trükköktől és a veszélyes kormányrángatástól. De sajnos a párszáz forintos hamisított, virtuális kínai kivetítők az

Ebay-ről nem mindig működnek tökéletesen. Sokszor akár sosem!

Charles tehát ráfázott a nagy eszével! Hiába adta meg igazándiból és csalásiból a lakossági címét a zsernyáknak, hogy az sose érjen oda! Remélte, hogy útközben szörnyet hal majd vagy balesetben, vagy a virtuális, vizuális sokktól! De Jack a birtokában lévő lakócímet ravasz módon teljesen másra használta fel! A detektív ebből a titkos információból hasznot húzva egyszerűen kölcsönkért egy másik kocsit (mivel a Jackmobil még azóta sem javította meg magát), és odahajtott becsöngetni a kaputelefonon. Ki számított ilyesmire? Az biztos nem, akit most majd váratlanul pofán lőnek!

Charles nem igazán mert kaput nyitni, mert felmerült benne, hogy akár egy rendőr is lehet az! Korábban ugyanis, miután megadta a rendőröknek a címét, keresték is már tizenhatan, de azoknak sem vette fel a kaputelefont! Honnan tudta tehát akkor, hogy rendőrök voltak, ha egyszer bele sem szólt? Hát *látta* őket a titkos kameráin, melyeket a lenti kapu tetejére installált fel speciális USB kábellel ellátva! Látta, ahogy szám szerint tizenhat detektív áll a kapu előtt tárgynak látszó fegyverekkel felszerelve, és egyszerűen nem vette fel a kaputelefont! A rendőrök csalódottan távoztak hát, és soha többé nem tértek vissza, mivel feltételezték, hogy a gyilkosnak most nem alkalmas az időpont a letartóztatásra.

Később Charles bejelentett lakcíme alapján (mivel a Facebookon is jól láthatóan kiírta) egyszer az FBI is kijött. Két ügynök kereste rejtve viselt szolgálati fegyverekkel, hogy ne látsszon rajtuk, hogy valójában rendfenntartó erőknél dolgoznak. Charles viszont egyből rájött a nagy eszével, hogy honnan szalajtották őket, ugyanis hiába hordták hónuk alatt a fegyvertáskát, hogy ne látsszon, a zakójukat mindketten levették a melegben, és az alatta hordott fehér ingen ordított a fekete fegyvertáska és a nyolc fekete szíj, amivel magukra csatolták! Így Charles előbb-utóbb rájött, hogy rendőrök lehetnek vagy valami ahhoz hasonló. Nem is nyitott hát nekik sem ajtót! Hadd döntse már el, hogy mikor kit enged fel a lakásába! Az FBI-osok is szomorúan elkullogtak, mert belátták, hogy itt senki sem kedveli őket. Szegények! Pedig mindkettőnek gyermekei vannak otthon, és nagyon szerettek volna már letartóztatni valakit!

Később a CIA egyik képviselője is megjelent tizenhét SWAT rohamosztagos társaságában! Ezek nem szaroztak sokat, egyből bedöntötték lent a nagykaput faltörő kossal, és fel sem csengettek! De aztán rájöttek, hogy ezzel akár kárt is okozhattak valakinek, és inkább kihívtak egy szerelőt, hogy akciós áron megjavíttassák a megrongált bejárati kaput. Mielőtt még bárki megláthatta volna a házból, hogy anyagi kárt okoztak a bérházban a közös képviseletnek és a lakástulajdonosoknak, gyorsan elhúzták a belüket, nehogy a végén perkálniuk kelljen!

Az egy dolog, ha egy tömeggyilkos nem lesz letartóztatva, azzal még csak-csak elszámolnak az elnöknek, aki feszülten várja közben a híreket... de *kártérítést fizetni*, az már tényleg nem kellemes! Az elnök sem szereti, mert kevés a pénze. Gazdasági válság van ugyanis már egy ideje, körülbelül hetven éve. Nincs pénz! Beljebb kell húzni mindannyiunknak a derékszíjat!

Mindig ezzel jön a kormány, ha mindent szarul csinál és éheznek a nyugdíjasok meg az emberek.

Jack is ezért jött hát el a gyilkosért, mint egy bosszúálló angyal bőrkabátban, ősz tincsekkel! Elnöki parancsra tette!

(Miért nem esett erről szó korábban? Mert az elnökkel folytatott párbeszéde rohadt unalmas volt, és végig suttogták az egészet, feszülten motyorogva, alig lehetett egy szót is érteni belőle! Így ki lett vágva az a szar.)

Jack tehát teljesen izgalmasan, egyedül, elnöki parancsra cselekedett. Ilyenkor az ember legyőzhetetlen, és bármit megtehet. Iskolákat is elsodorhat egy hókotróval. Utólag a kormány úgyis kifizeti a kárt. Még akkor is, ha háromezer gyermek ült odabent mosolyogva, reménykedve egy szebb jövőben, hogy majd egyszer tűzoltó lesz belőlük, űrhajós meg efféle hülyeségek.

Az elnöki parancs egyértelműen kimondta, hogy az elkövetőt mindenáron el kell fogni! Élve vagy pofán lőve! Jack tehát eszerint állt a dolgokhoz. Már előre hegyezte is a pisztolyát a lövésre, mert bizony szeretett lőni, és látni a gyilkos meglepett arcát, amikor az tele van golyóval!

Jack tehát nem ugrott be ilyen béna trükköknek, amikor nem nyitják ki a kaput. Igaz, felcsöngetett ő is a kaputelefonon, mint egy átlagos, kevésbé intelligens ember, de nem várta meg, hogy kinyissák neki! Annál jóval intellektuálisabb volt az általános műveltsége! Nem! Egyszerűen elővette a kulcsot, és kinyitotta a kaput *ő maga*!

Honnan az öreg, vemhes ördögből volt saját kulcsa a házhoz?! Hát a gyilkos küldte el neki abban a bizonyos borítékban, melyben a fenyegető, kioktató levél is lapult! Charles ugyanis annyira biztos volt a dolgában, hogy ha a nyomozó megpróbál eljönni hozzá, akkor úgyis meghal majd útközben a speciális effektek miatt, hogy még csalinak másolatot is küldött neki a kapukulcsáról! Hát, ez de jó ötlet volt részéről!

Jack tehát szép lassan és nyugodtan kinyitotta a kaput, és felsétált a negyedik emelet hatszázhatvanhatba, hogy kedélyes hangulatban meglátogassa, és arcba durrantsa a gyilkost. (Charles azért lakott a 666-ban, mert egy panelházban bizony sokan élnek a Kiber téren, továbbá azért is, mert gonosz volt. *Nem mindegy*?! Ne kössünk már bele minden hülyeségbe! Ott lakott, és kész!)

Jack először udvarias akart lenni, és bekopogni, de rájött, hogy a Detektívtiszti Főiskolán azt tanulta, hogy előbb lőni kell, aztán viszont kötelező figyelmeztetni a gyanúsítottat. Majdnem biztos volt benne, hogy így mondták, tehát gyorsan belőtt néhányat az ablakon, nehogy ne érezze figyelmeztetve magát a bűnöző aljadék!

Ámbátor Charlest nehéz volt meglepni. Kifinomult hallásának köszönhetően már idejében meghallotta a zajt, ugyanis harminc centiméterre ült az ajtótól. Még így is messze ült a lehetőségekhez képest, ugyanis lakása mindössze három négyzetméterből állt. (Hát igen, ez a Kiber tér nem túl vonzó hely ezekkel a büdös panelházakkal, csótányok által rettegésben tartott, lepusztult, kicsi munkáslakásokkal meg a rengeteg sorozatgyilkossal. De legalább olcsó, úgyhogy ne reklamáljunk!)

Charles nehezen menekült volna messzire azon a bálterem-szinten tágas három négyzetméteren, így hát annyit tehetett, hogy hátralépett egyet, és feszülten várt, mindenféle trükkökkel a tarsolyában! >:-)

Régóta várt már erre a pillanatra. Valahol sejtette, hogy egyszer majd eljönnek érte, miután négy-ötezer embert megölt ok nélkül! Készült is rá nagy erőkkel. Nem véletlenül bánt profi szinten a Totál Commanderrel! Mindkét panelt kezelni tudta oda-vissza! A Start menüről is tudta, hogy nagyjából hol keresse Windows-ban, azt pedig csak a beavatott, Rózsakeresztes hackerek ismerik, mint Da Vinci!

Amikor Jack iszonyatos erővel rátörte az ajtót, és azt ordította, hogy „Állj, mert vagy lövök!", Charles meglepő fordulattal állt elő!

Azt válaszolta teljesen nyugodt hangnemben, hogy:

– Nem.

– Mit akar ezzel mondani? – kérdezte Jack elhűlten. – Nem akar bejönni a rendőrségre? Miért nem áll már meg *végre*?!

– Most is állok, te barom – felelte Charles. – Nem megyek sehová. Kérem tehát, hogy hagyja el a lakásomat, ugyanis *diplomáciai védettséget* élvezek! Hoppá, zsarukám! Ugye tudhassa, az mivel jár? Semmit sem tehet ellenem!

– Hát... – Jack elbizonytalanodott. Mondtak neki erről valamit annak idején a szexuális felvilágosításon vagy hol. Valami olyat, hogy ha ilyen védettséget akar, akkor hordjon óvszert. De soha nem értette a politikát, úgyhogy nem akart hosszabban foglalkozni a témával. Valamint az is eszébe jutott, hogy egykori részeges mestere a Jóhiszemű Windows Felhasználói Tanfolyamon (ez pontosan ugyanaz, mint az OKJ-s Hacker Tanfolyam, csak itt a jó embereket képzik) megmondta neki, hogy a hackerek képesek ám elbizonytalanítani az embert! Manipulálják az agyunkat! Belelátnak a gondolatainkba! Előre látják minden lépésünket. Kiszámítják az események várható sorrendjét, és mindent a saját hasznukra fordítanak! Nem lehet megbízni bennük, mert olyan politikai, jogi és informatikai kifejezésekkel dobálózhatnak, amire a rendőrök nincsenek megfelelően felkészítve! Bárkit kijátszanak, még az ügyvédeket is! Tehát Jack azt tette, amit egykori alapszintű számítógépkezelői mestere javasolt neki:

Lelőtte, és kész!

Most akkor tényleg csak úgy pofán lőtte?! Ez tehát a nagy fordulat a történet végén?

Nem! Ugyanis a pofája helyett végül hónon lőtte, hogy Charles eldobja a kezében szorongatott egérnek látszó számítógépkezelői eszközt! Ezzel végleg megakadályozta abban, hogy a jövőben bármikor hackerkedhessen a továbbiakban. Ugyanis, ha be is gyógyult az iszonyatos lyuk Charles hóna tetején, azért borúsabb, esős időkben bizony még később is megfájdult a hóna! Így elment a kedve egy életre attól, hogy egeret kapjon alá, és a gép előtt ülve markolássza magát!

Tanulság tehát:

Ne markolásszuk magunkat, se egérrel a hónunk alatt, se rajta a tetején! Ez ugyanis gyanút ébreszthet olyan rendőrökben, akik női hormonokat szednek, és saját seggdublőrük van!

– VÉGE A MÁSODIK RÉSZNEK –

Utószó: Ahol végre megint minden kiderül!

1. Most akkor gazdasági válság idején a nyugdíjasok éheznek, vagy az emberek?

Mikor melyik!

2. Bevitte-e Jack elnöki parancsra, teljesen önállóan a gyilkost?

Be!

3. Valóban olyan kevés pénze van az elnöknek?

Ha így lenne, miért akarna mindenki elnök lenni? Nem! Egyszerűen csak sír a szájuk, de valójában betegre keresik magukat még a gazdasági válság közepén is. Ezért is váltják le őket négy évente, mert nem őszinték. De ezt senki sem tudja korábban, négy éven keresztül, mert nem lehet rá előre számítani! (Hiszen az előző is már ugyanezt csinálta.) Látja? Most végre Ön is érti a politikát! Ezt a rengeteg információt pedig most mind egyetlen könyv áráért megtudhatta! Tartson velünk hát legközelebb is!

4. Valóban leesett Jack arról a nagy hegyről vagy miről?

Ha leesett volna, és meghal, akkor hogyan szerepelt volna végig a történetben? Talán őt is számítógéppel rajzolták oda?

Nos, valójában igen, de attól még azért él! Valahol épp kómában fekszik egy tibeti kórházban, hogy a következő epizód még izgalmasabb lehessen ettől a rejtélytől, hogy vajon elfelejt-e az agykárosodás miatt lőni meg ugrani?

5. Mi lett a sorsa a szegény seggdublőrnek?

Később befutott, és sikeres lett, ugyanis nemcsak a hátsójába rakatott több kiló szilikont, de később már a melleibe is. Onnantól kezdve jóval több szerepet kapott. Nemcsak férfiak helyére állhatott be a megfelelő jelenetbe helyettesíteni, de már nők helyére is a Baywatch új részeiben! Így végre Buddhista kolostorokban is könnyebben kapott munkát, és már ott is felléphetett Marilyn Monroe számokat előadva a harcos-papoknak.

6. Mi lett a Kibertéri Gyilkos sorsa?

Hónon lőtték! Hahó! Ez nem jött le legutóbb?

Ja, hogy azon kívül? Semmi. A börtönben rohad, és újdonsült barátaival, a rabokkal markolásszák egymást. (Tehát chipset esznek, és videóznak. Valójában halál jól elvannak, és egész nap röhögnek a vígjátékokon.)

A börtönőrök pedig őket markolásszák a zuhanyzóban. (Ugyanis van, hogy a börtönudvaron súlyzózás közben meghúzzák magukat, és olyankor sürgős, szakszerű masszírozásra van szükség. Az őrök gyakran segítenek, mivel diplomás sportorvosok is vannak köztük.)

Tehát mindenki jól van odabent, és felesleges aggódni! Még akkor is, ha már nagyon megszerettük Charlest. Ezt ő is tudhassa, és gyakran gondol Önökre szeretettel!

Azért ettől függetlenül vigyázzanak a Facebookon! Internet hozzáférés sajnos a börtönben is van!

Charles pedig elég sokat ül ott a gép előtt... Ideje végül is van rá!

7. Mi lesz a következő epizódban?

Magyar nyelvű szöveg lesz leginkább, de lesznek benne speciális idegen szavak is, melyeket csak a beavatottak ismernek, mint Nostradamus! Lesznek párbeszédek is, mert ebben a részben ez teljesen elmaradt az izgalom és a hosszas karakterbemutatások miatt. Az ugyanis megtörte volna a sodró tempójú személyleírásokat!

8. Felgyógyult már az ötvenhét rendőrtiszt a lőtt sebekből?

Igen, van köztük, aki él.

Ugyanis habár a legtöbben meggyógyultak, néhányan akkor is nagyon idősek voltak már. Ők azóta nyugdíjba vonultak, és kiabálva szörnyethaltak otthon.

9. Valóban kihalt az a szegény madárfaj ott a Himalájában, a Tibet hegyen?

Először is: fordítva történt.

Másodszor: igen, teljesen kihalt. De mivel volt belőle még jó pár példány, így végül mégsem.

10. Az előszóban említettek valami humor nevű dolgot. Volt ebben az epizódban végül ilyen?

Igen, azon az öt helyen, ahol a hackerek smiley-kkal jelölték meg az Ön számára. Azok állítólag viccesek.

11. Milyen az, amikor valami „sasoskodik"? Egyáltalán létezik-e ez a szó?

Igen. Ez olyankor történik, amikor egy nagyméretű madár a lógó nyakú vércse hangját utánozva, légyszerűen viselkedve zümmög, és zavar valakit egy hegytetőn. A szó az ősi tibeti nyelvből lett fordítva, azaz buddhistából. Magyar megfelelője nincs, így tehát ezzel kell beérnünk, és próbáljunk már meg legközelebb kicsit nyitottabbak lenni!

Továbbá csak azért, mert egy történetben valaki menet közben tesz valami furát, próbáljunk meg ne azonnal „olyan" nedves markolászásra gondolni, ha egy mód van rá! Van, akinek ugyanis nincs pénze klímára, és izzadva eszi otthon a chipset!

GABRIEL WOLF

A Hegyi Stoppos

(Valami betegesen más, #3)

Arte Tenebrarum Publishing
www.artetenebrarum.hu

Fülszöveg

A Hegyi Stoppos („Valami betegesen más" harmadik rész)

A hegyekben él, ahol senki sem jár (autóval sem), mégis
stoppol! Minek, ha nem jár arra senki? Csak csinálja, és kész,
mert ehhez van kedve! (Végül is jogában áll, nem?)
Egy lebilincselő thriller! Tele bilincsekkel.
Egy erotikus regény erotika nélkül...
Egy felkavaró s zavaróan izgalmas történet mindössze egy
áráért!
Még ma! Ráadásul olcsón! De lehet, hogy drágán, az ugyanis
még több!
Egy meglepő fordulatokkal teli krimi, tele úgynevezett
„párbeszédekkel"! Az előző részből ez sajnos kimaradt a sodró
tempójú, hosszas karakterbemutatások miatt, de most aztán
pótolva lesz!
Egy thriller nem csak női olvasóknak! Férfiak is olvashatják...
ha tudnak. A könyvből ugyanis ez is kiderül, hogy mi a Földön
élő másik emberi nem neve, amelyik tud olvasni. Igen, ez így
kissé sci-fisen hangzik, de akkor sem az, csak nagyon érdekes
és jó. És olcsó. Ezt se feledjük.
Ki marad életben a könyv végén? Jack, a főszereplő igen, de
azért ne menjünk ennyire előre mindjárt az ismertetőben.
Vajon elkapják-e végül a gyilkost? Igen, de ezt nem illik előre
lelőni.
Ki lehet a gyilkos? Egy Sharon nevű nő az, de ezt már tényleg
kár lenne előre megmondani.
Vigyázzunk hát a stopposokkal!
Ne állj meg, ha egy gyönyörű nőt látsz egyedül, ártatlanul
ácsorogni az úton! Még a végén megtetszenél neki, beléd

szeretne, és hozzád jönne feleségül. Ki akarna olyat? (Egy baltás gyilkos feleséget.)

Hát Jack, a detektív! Ugyanis ebben a részben el fog válni Diane-től, és ismét nősülni akar majd, de ez csak később derül ki, ezért itt nem említjük még meg az ismertetőben, hogy Jack mindenképp el fog válni.

Felhívás

A felhívás veszélyes lehet, vigyázzunk hát vele!

Ha például megadjuk valakinek a telefonszámunkat, előfordulhat, hogy az vissza fog élni vele, és előbb-utóbb puszta jóindulatból felhív minket számon kérő hangsúllyal! Ilyen esetekben elhangozhatnak akár olyan vádak is, miszerint „Miért nem hívtál mostanában?", avagy a már jól ismert „Hogy vagytok?".

Sokan odáig merészkednek, hogy egy előre be nem jelentett felhívás alkalmával képesek bevetni az „És miért nem házasodtok akkor össze?" jellegű aljas húzásokat, vagy akár a mára már klasszikussá vált „És mikorra várható a kisunoka?" című trükköt.

Ki akarná, hogy efféle hitvány, légből kapott dolgokkal zaklassák és provokálják a saját otthonában?

Vigyázzon hát, hogy kinek adja meg a számát!

Néha olyan is előfordul, hogy valaki tévesen hív fel minket. Ez a fajta felhívás is fokozott elővigyázatosságot s körültekintést igényel. Senki sem akarhatja, hogy ebéd közben, amikor épp a torkán van akadva egy pulyka lábszárcsontja, közben még telefonon is okoskodjon valaki, hogy „Elnézést, téves"! Mire az illető kimagyarázkodja magát, mi már rég a hullaházban fogunk ordítani a fájdalomtól!

Vigyázzunk hát a telefonnal!

Vagy ne.

Én mindenesetre szóltam!

Köszönetnyilvánítás

A mai naptól a *köszönetet* ünnepélyesen ingyenesnek és szabadon felhasználhatónak nyilvánítom.

Mostantól bárki per- és tehermentesen használhatja a köszönetet saját otthonában, vagy akár valaki másnak a kertjében. (Ez utóbbi kizárólag akkor engedélyezett, ha kulccsal jut be az ingatlanra. A kulcs gyártási és származási helye lényegtelen. Lehet tehát másolt is vagy lopott.)

A „bárki" alól sajnos továbbra is kivételt képeznek azok a dacos emberek, akik korábban pénzért sem voltak hajlandóak soha semmiért köszönetet mondani. Nekik sajnos továbbra is durcázniuk kell.

Ez van! Végül is maguknak köszönhetik! (A durcázás viszont *szintén* ingyenes innentől kezdve. Mindenki örül hát és boldog. Máris jobb a hangulat!)

Első fejezet: Sharon nem normális

– Sharon, te nem vagy normális! Bűzlik az egész konyha! Mikor viszed ki végre a rohadt szemetet? Már ránk rohadt a szemét, te rohadt szemét! – ordította Sharon édesapja. (Micsoda dolog így kezdeni egy színvonalas regényt? Máris csak a fertő, a mocsok és az agresszió! Miféle emberek egyáltalán azok, akik így beszélnek egymással? Máris kiderül... ha esetleg hajlandó lenne végre előítéletek nélkül továbbolvasni, és nem rögtön a negyedik mondatnál elakadni!)

Sharon édesapját rendkívül jó embernek ismerték. Az egész környék szerette. Szabadidejében pap volt, főállásban pedig szent. Na jó, valójában egy vadállat volt, aki hentes, de ettől függetlenül tényleg nagyon jó embernek tartották az egész városban. Ingyen osztogatta a szalonnát, meg minden.

Lányát is kimondhatatlanul szerette. Annyira, hogy ki sem mondta soha, és inkább jól elverte helyette, hogy keservesen sírjon.

Sharon kamaszkorára belefáradt már a folyamatos veszekedésbe és szidalmazásba. (Igaz, a nemi erőszaknak sem örült túlzottan, amiben apja mindennap részesítette, de a veszekedés még jobban bántotta, mert az elég hangos tud lenni, és bántja az ember fülét.) A lány olyannyira megcsömörlött ettől a szörnyű bánásmódtól, hogy egyik nap elhatározta, hogy most már tenni fog a dolog ellen!

Aztán az egészet elfelejtette, és további három évig várt ok nélkül...

De végül aztán csak belevágott. Az apjába. Baltával.

Rájött ugyanis, hogy a rossz ember olyan, mint a tumor: kártékony és veszélyes, tehát még idejében el kell távolítani, *amíg még* van gyökere vagy mije. (Vagy amikor *már* van neki. Mindegy! Akkor is jó ez a hasonlat!)

Ekkor Sharon, huszonegy évesen eldöntötte, hogy ő bizony el fog távolítani bizonyos nemkívánatos embereket a Föld színéről. (A tumort is eltávolítják! Mondtam, hogy jó a hasonlat!)

Hogy kik voltak Sharon szerint a rossz emberek?

A férfiak. Mindegyik! Mély hangjuk van, és szőrösek. Utálta őket.

Az apjával szerette volna kezdeni a sort a korrektség kedvéért, mivel az bántotta őt először, és ő volt a legszőrösebb is. Sharon szikét keresett otthon, hogy „eltávolítsa" az apját, de mivel az visszamaradott hentes lévén nem tartott otthon ilyen kifinomult eszközöket, így végül megelégedett a kamrában talált baltával is.

Egy szép napon bement hát Sharon a nappaliba, és megölte az apját a baltával.

(Ennyi?! Ennél azért részletesebben is ki lehetett volna fejteni a jelenetet, ha már ennyire alaposan felvezettük, hogy *mennyire* gonosz is az az apakarakter, nem? Hol vannak a véres agycafatok, a nedvesen csattogó-klaffogó hústömbök és a kilószámra hulló, levágott, lenyesett bőrlebernyegek szőrrel a tetejükön? Hol van a hajas fejbőr, ami baltával levágva úgy repül, mint a frizbi? Hol vannak a lecsapott ujjak, karok s nemi szervek többesszámban? *Hát itt! Épp most* írom, nem figyelünk? Sharon levágta őket! Aztán ráugrott, és megtiporta az egész inogó, rezgő, berzenkedő halmot, mindezalatt pedig harsányan röhögött is! Vagy inkább *kacagott*, úgy nőiesebb. Gyönyörű, szőke haja úgy lobogott közben ok nélkül, mint egy samponreklámban; villogó fehér fogai úgy ragyogtak, mint egy drága fogkrém dobozán az illusztráció! Azon a drága fajtán, amit ínyvérzésre adnak a patikában! Na, ennyire volt szép Sharon: *nagyon!*

Az ifjú, csudaszép leány ugyanis úgy érezte, édesapja elhalálozásával ő végre ismét élheti kicsiny, csudákkal teli világát, s egykor megkeseredett, nehéz, ám mégis szeretett életét (de már szépirodalmi szinten!). Sharon újra élt. Nem azért, mert feltámadt, vagy ilyesmi, egyszerűen csak boldog volt, hogy sikerült megálljt szabnia a huszonegy évig tartó kínszenvedésnek és terrornak. Annak meg pláne örült, hogy a szemetet sem kell többé kivinnie! Azt nem bírta volna tovább elviselni. Azt a borzalmat többé már nem.

Elég volt a megaláztatásból! Elég volt az állandó szemeteszsákcseréből! A műanyag szemeteszsák ugyanis büdös! Olyan tök furi műanyagszaga van! Elég kellemetlen tud lenni, ha az ember váratlanul fölé hajol. Sharon soha többé nem akarta érezni azt a kínt! De ezentúl nem is lesz rá szükség, mert sosem kell többé lecserélnie azt a szörnyű zsákot, miután az apja félholtra veri! Nincs több műanyagzsák!

Abból is elege volt, hogy odakint ő tologassa ki a nehéz kukát az utcára, hogy a szemetesek aztán beboríthassák a kocsijuk tartályába. Azok a kukások dohányoznak! Bűzölögnek a cigarettától, és állandóan vigyorognak Sharonra! Egyszer még rá is csettegtek valahogy a nyelvükkel vagy mivel! A lány ettől megalázva érezte magát. De ezentúl nem kell kimennie többé a kukát tologatni, miután apja megerőszakolja. Most végre megszabadult attól a szörnyű kukától! És a kukásemberekkel sem kell többé soha szembenéznie, akik mindenféle ocsmányságra képesek a nyelvükkel!

Sharon tudta, hogy minden férfi ilyen. Mindegyik csak „azt" akarja. Hogy pontosan mit, arról fogalma sem volt, de eldöntötte, hogy egyszer úgyis rá fog jönni! Akkor is, ha a sárga földig kell lealjasulnia érte. Vagy a porig. (Amelyik adott esetben hatásosabb.)

Eldöntötte hát, hogy prostituáltnak áll, és kideríti, mi az, amit minden férfi akar. Mi mozgatja őket? Mire gerjednek? Mi az, amitől csak úgy beindulnak, és mitől kattannak be teljesen?

Éveken át tartó szorgalmas szexelés után már kezdett valami fogalma lenni arról, hogy mit akarhatnak a férfiak, de még mindig nem volt benne biztos.

Aztán eltelt vagy kilenc év, és harmincévesen már kezdte sejteni, hogy mire megy ki ez a „prostituáltbiznisz". Sokáig csak sejtette, de hosszú évek, és rengeteg elítélendő, szégyentelen póz után már kezdett meg is bizonyosodni róla, hogy a férfiak miféle emberek. Ő úgy látta, hogy valamiért szeretik az ilyen „testiséget" vagy mit. Ráadásul még úgy is, ha közben egy gyönyörű szőke nő a partnerük! Sharon el sem tudta képzelni, mi lehet ennek az oka, de vannak a világon bizony olyan esetek, amikor nem feltétlenül kell utánajárnunk és szóról szóra megértenünk a másik ember alantas, mocskos vágyait ahhoz, hogy elítélhessük és gyűlölhessük értük az illetőt. Sharon is így volt már ezzel. Előítéletei lettek a férfiakkal szemben, és eldöntötte, hogy meg is öli mindet. Közben pedig még leszbikus is lesz.

Aztán amikor rájött, hogy az olyasmi nem igazán vonzza, inkább visszatért a férfiakhoz, hogy velük csináljon ismét mindenféle dolgokat. De azokat továbbra is inkább csak baltával akarta felaprítani, így hát velük sosem lelt örömöt a testiségben, sőt a szerelemben sem!

Micsoda kínok! Ez a hányattatott sorsú fiatal hölgy elképzelhetetlen borzalmakon ment hát keresztül. Ennél a pontnál az olvasó már kissé rosszul is van, ha belegondol, „mi mindent élt át eddig az a szegény lány". Az ember fel is háborodik, amikor belegondol! De azért akkor is *belegondolunk*, ugye? Csak elábrándozik róla az ember, hogy mi mindenen ment keresztül az a gyönyörű, fiatal szépség! Milyen lehetett neki közben? Akár *ott*? Vagy máshol? Más országokban például.

Azért ott sok minden megeshet! Akár még *odalent* is. Délen például egy mediterrán országban. Ki tudja, mi mindene lehet neki odalent *elrejtve*? Olaszországban, mondjuk, egy kamrában, ahol szerszámokat tart.

Na igen... Az erotika már csak ilyen! Szókimondó, nyílt és harsány: Mindenfelől izzadt testek csapódnak egymásnak kérlelhetetlenül. Férfiak ordítanak felindultan, s nők nézik őket meglepetten, enyhén vádló s riadt tekintettel, mint egy őzgida, melyet sértésekkel porig aláznak. A férfi meg diadalittasan röhög közben, mint egy izzadó állat! Szégyellhetné magát az ilyen!

És ez az, amire Sharon is rájött! Igaz, kellett neki vagy kilenc év hozzá, de azért csak felismerte a gonoszság és a sátáni förtelem forrását: a férfiak vágyai tehetnek mindenről! És az ilyen erotikus dolgok, amikor mindenfélét csinálni akarnak, izzadnak és nyomakodnak!

Sharon arra is rájött teljesen egyedül, hogy mindenért a szex a hibás. Tovább űzte hát a prostituálti hivatást, hogy még többet megtudjon erről a dologról. Még mélyebbre süllyedt az erkölcsi fertőben, a drogokban, útszéli motelekben töltött lopott percekben, a részeg szenvedés s az öntudatlan gyötrelem pillanataiban, melyek mindig csak „arról" szóltak. *Mindig csak arról...* (Miről? Hát *arról*! Ne akarjuk azt annyira tudni! Elég, ha belegondolunk. Abban nincs semmi rossz, vagy igen? Van abban bármi trágár? Nem. Volt ebben a történetben eddig bármi trágár? Nem. Ezért is *ennyire* jó. Most már akkor legalább tisztázva lett. Ha az nem is, hogy pontosan miről szól az egész... de a lényeget legalább már tudjuk! Egyébként arról szól, hogy egy lány bekattan, és gyilkolni kezd. Ugyanis rögtön a legelején feldarabolta a saját apját baltával. Utána pedig kilenc éven át prostituált volt. Miért kell mindent ennyire szájbarágósan elmagyarázni?!)

Sharon, amikor már odáig süllyedt, hogy nem volt tovább hová, akkor végül úgy döntött, hogy új életet kezd: Leszokik a drogról, a kábítószerről és a heroinról, felhagy bűnös életével, és nem áll ki többé az út szélére, hogy pénzért cserébe elítélendő dolgokra invitáljon férfiakat. De aztán nem sikerült, és ismét ugyanott találta magát a társadalom legalján!

„Ennek sosem lesz vége!" – gondolta Sharon. De nemcsak ő, hanem az összes olvasó is: „Ennek a szegény lánynak mi mindent kell már elszenvednie?! Így teljesen tönkre fogja tenni magát! Hová lesz a gyönyörű külseje? Az az ártatlan, fiatal bája? Az édes kis mosolya? Mi lesz *így* belőle? Ki vigyáz *ezentúl* rá? Ki sír, amikor ő is sír? Ki kacag, amikor ő is olyan boldog, mint egy ártatlan gyermek?"

Na jó, azért ennyire nem kell ám túldramatizálni ezt az egészet! Sharon teljesen jól van, és ugyanúgy néz ki ma is, mint kilenc évvel ezelőtt. Így már jó?

A drogozás nem ártott neki soha, mert nagyon lájtosan csinálta, és a prostitúció sem hagyott rajta semmilyen nyomot, mert annyira elővigyázatos és okos. (Annyira, mondjuk, nem, hogy ne álljon be prostinak, de ebbe most ne menjünk bele.) A lényeg, hogy tud ő vigyázni magára!

Most már végre megnyugodtunk? Sharon jól van!

Egyébként is, miért kell ennyire aggódni érte, ha egyszer gyilkos?

Csak azért, mert jól néz ki? Na, és akkor mi van?

Jack, a nyomozó is jól néz ki! Őérte ki aggódik?

Épp Tibetben fekszik szerencsétlen kómában! Lehet, hogy sosem ébred fel belőle, Ön pedig közben a gyilkost sajnálja? Aki ráadásul magának csinálta ezt az egészet? Senki sem kényszerítette rá, hogy így éljen!

Jack meg közben magatehetetlenül vergődik a kómában! Bárki lelőhetné úgy! Akár egy orvos is, ha épp fegyver van nála, és gyilkolni készül! Na, *ez* a veszélyes és a sajnálatra méltó! Jack valóban nehéz helyzetben van tehát, nem ilyen megjátszós műhisztiben, mint ez a nő.

Térjünk is át Jackre, mert most már elég volt ebből a libából. Mégiscsak megölt egy embert! Micsoda egy ribanc! Ráadásul nem is normális.

Második fejezet: Jack és a kóma

Jack kómában feküdt már nagyon-nagyon régóta. Olyan régóta, hogy azóta még a rokonai is elfelejtették, hogy valaha megszületett. Már a felesége sem emlékezett rá. Kollégái (akik egyben barátai is voltak, mert ismerték már egy ideje) sem tudták felidézni az arcvonásait soha többé. Nem is akarták. Vezetéknevére sem emlékezett senki (mivel Jacknek amúgy sincs olyan). Vezetéknév nélküli Jack tehát nagyon régóta feküdt magatehetetlenül és öntudatlanul ebben az állapotban. Idestova már négy teljes napja. Közben pedig teljesen leépült fizikailag, és erősen le is gyengült. Már az orvosok is rálegyintettek, hogy menthetetlen. Ott is hagyták, és bezárták a kórházat. Hazamentek, és vihogva nézték a TV-ben a gyermeteg rajzfilmeket.

De Diane, Jack csodálatosan szép felesége *nem adta fel* a harcot! *Ő hitt* és bízott egy szebb jövőben, egy méltóbb sorsban, amelyet ez a nyomorult, kivénhedt zsaru igazából egy jobb világban megérdemelt volna! (Hogy ez milyen költői!)

Diane hívott hát új orvosokat, és folytatták Jack kilátástalan, embert próbáló kezelését. Ez egész pontosan abból állt, hogy naponta egyszer bejöttek megnézni, hogy hátha már magától felébredt.

De még nem! Ezért majdnem ők is feladták a harcot Jack ép elméjéért, testi épségéért és lelki üdvéért.

Már a legkomolyabb agyműtétek sem segítettek! (Jacken nem is próbálkoztak ilyesmivel, mivel nem volt rá szüksége, de attól még akkor is megrendítően hangzik, ha „már *az sem* segít"! Pedig *azt* aztán magán az emberi agyon végzik, az pedig fáj, mint a rosseb, mert tele van érzőidegekkel, meg ilyen kis izékkel, mint a mirigyek vagy mik!)

Hiába: a kóma már csak ilyen! Szörnyű és kilátástalan. Jacknek esélye sem volt hát a felgyógyulásra. Soha! Sem pedig arra, hogy valaha is épelméjűen kilábaljon ebből az egészből.

De aztán mégis felébredt, és teljesen jól volt! *Ennyire* váratlanul!

Mert az előbb még ugye csak feküdt, mint a hal, és csukva volt a szeme, de aztán most meg felébredt, és mosolyogva ült fel! (Fokozott katarzis élmény! A főszereplő mégis jól van!) Ráadásul még sincs annyira lefogyva, mert ahogy felül, lehullik róla a kórházi lepel (vagy halotti köntös, vagy hogy hívják), és máris látszik a hasizma, ahogy Jack vigyorogva néz maga elé a jóképű arcával.

Diane is mosolyog. Fogai hófehérek, és olyan kék a szeme, mint a tenger. Haja olyan dús, mint akinek sok haja van. Rendkívül boldogok. Mindketten gyönyörűek.

„Milyen jó is lehet nekik, hogy így néznek ki" – gondolja az olvasó túlsúlyosan. (Nos, valójában mi is sportolhatunk ám! Ez végül is csak egy egyszerű döntés kérdése. Sőt, sportolni sem kell, mert ha az ember nem eszik, akkor lefogy. Vannak az életben ilyen alapvető igazságok. Jack pedig zseniális rendőrnyomozó lévén ismerte ezeket a trükköket. Ő ezért is nézett ki úgy, ahogy. Korábban, még a sorozat előtt ő is súlyproblémákkal küzdött, de aztán a szerep kedvéért feledzette és lekoplalta magát, hogy több pénzt kapjon. Azóta néz ki így. És valóban elég jól keres vele, tehát megéri felgyúrni magunkat, és szálkásra fogyni utána, mint a deszka.

Diane viszont semmit sem tett ezért a meglepően jó külsejéért, őt tehát joggal irigyeljük és utáljuk! Jack ezért is fog majd elválni tőle. Diane egyébként is egy buta liba! Sharon sokkal értelmesebb, és a mosolya is szebb a kis pisze orrával, ahogy játékosan fintorog vele. Olyankor tényleg édes. Diane viszont nem!)

Jack tehát magához tért, és teljesen felgyógyult ok nélkül. Nem lényeges, hogy miért, mi úgyis csak annak örülünk, hogy végre jól van.

Még hosszú ideig vigyorogtak egymásra Diane-nel, és csókolgatták egymást sokáig. Kicsit túl sokáig is. Olyannyira, hogy mivel Jackről lehullott a ruha (vagy mi) az előbb, így most teljesen meztelenül ölelte a feleségét. Az pedig ettől erősen felindult érzelmileg, és a kezével elkezdte neki... (Na-na! Azért vigyázzunk az ilyen kijelentésekkel, hogy mit művelt a nő a kezével! Mégis miféle történet ez? Mindenféle emberek fogdosódnak benne meg disznólkodnak! Még jó, hogy az író figyel, és nem hagyja elkanászodni itt a szereplőket!)

Diane tehát a kezével elkezdte neki *paskolni* a vállát biztatólag, és örült, hogy férje ilyen jól van. (Egyébként az előbb is már csak ennyit akart tenni szerencsétlen, mielőtt még mindenki halálra rémült, hogy milyen kőkemény jelenetek következnek! Nem kell mindjárt rosszra gondolni, csak azért, mert valaki tök pucér, a másik meg összevissza hadonászik a kezével!)

Jack tehát sikeresen felgyógyult, és az irodájában ült New York-ban. Azon gondolkodott, hogy vajon ki lehet az a hírhedt „Hegyi Stoppos", és hogyan fogják majd elfogni?

Hogy mikor hagyta el Jack a kórházat? És hogyan?

Kigyalogolt a lábán három órával az ébredése után, majd repülőgéppel hazautazott.

Igen, a felesége is vele tartott, mielőtt még *az is* felmerülne, hogy hová lett, és mi történt szegény, szerencsétlen Diane-nel! Legyen már egy kis képzelőerőnk! Diane jól van! Ő is vigyorogva végigülte az unalmas repülőutat, aztán vidáman ölelkezve hazamentek. (De hiába vigyorgott ám annyira, mert úgyis el fognak válni! Ennyit erről!)

Harmadik fejezet: Bilincs és izgalom

Sharon közben már rohan a rendőrség elől, miután megölte azt a sok embert.

Mi van?! Mégis mikor ölte meg őket? Hiszen az előbb még ott tartottunk, hogy már a társadalom legalján van, de még mindig nagyon jól néz ki.

Így is van! Csak közben megölt öt férfit! Történnek ám közben dolgok! Elmehetünk komplett fejezetekre Tibetbe nézelődni, hogy Jack hátha szexel majd a feleségével a kórházban, amikor pucéran felébred, de attól még itt a valóságban továbbra is folynak ám a fontos események! Nem fog csak azért leállni a cselekmény, mert mi naivan azt hisszük, hogy jön majd egy jó kis jelenet, tele *mezítelenséggel*. Itt nem lesz semmiféle *mezítelenség*! Csak bilincs és izgalom!

Sharont megbilincselték a rendőrök, és nagyon izgalmas volt. Az üldözés is annak tűnt előtte, amíg hajkurászták, de mivel ott az ügy komolyságát úgyis főleg csak a háttérzenével érzékeltették, és valójában semmi sem történt, így úgysem éreztük volna a sokkoló, idegölő feszültséget. Azért is, mert nem is volt. Ne is bánkódjunk tehát emiatt. Elkapták, és kész! Elég, ha ennyit tudunk.

Úgyis csak rohant a nő az erdőben kimeredt szemekkel, a rendőrök meg kutyákkal utána:

– He-he-he... – lihegett Sharon.

– Vaú, vaú! – ugatták a németjuhász rendőrkutyák felindultságukban.

Nem láttuk még ezt ezerszer? Dehogynem!

Na tessék! Ezért sem lett leírva. Ebben a történetben csak a lényeg hangzik el. Az is a legjobban, a legmagasabb művészi szinten. Színvonalas regényt akartunk még az elején, hát annak ez az ára! A rendőrök úgyis csak összevissza káromkodtak az erdőben üldözés közben. Az egyik rendőrkutya pedig egyszer megpihent székelni. Kár lett volna ezt annyira túltárgyalni, amennyire Ön itt most kérni próbálja. Az írói szakma bizony ilyen kegyetlen tud lenni. Nehéz döntéseket kell hoznunk, akár az elnököknek.

Ez a jelenet tehát meg lett kurtítva, és Sharon már szorgosan kifelé figyel a rendőrautóból. Közben borzasztó jól néz ám ki! A rendőrök is persze jól megnézték maguknak! Már az üldözés közben is. Több közülük kimondottan *ezért* üldözte.

De mivel Sharon sajnos súlyosan törvénytelen gyilkosságot követett el, így elfogáskor a rendőrök egyike sem kérhette meg jóindulatúan a kezét. Az ugyanis rendőri túlkapás lett volna. Így csak nézték, és vigyorogtak, hogy milyen csinos ez a „bula". (A „bula" egy speciális rendőri szakkifejezés a nőnemű állampolgárokra.)

Sharon tudomást sem vett róla, hogy bámulják, helyette inkább csak beképzelten ült a rendőrautóban, és várta, hogy „bevigyék". Ezt a rendőri módszert szerencsére már nem kell újra elmondani, mivel korábban szakszerűen el lett magyarázva, hogy mit csinálnak ilyenkor a rendőrök, és mi is pontosan ez a „bevitték" meg „behívták" dolog.

Lényegében annyi, hogy beviszik valahová, aztán akkor ott lesz.

Általában ennyi szokott lenni.

Jelen esetben a rendőrségre vitték be. (Igen, máshová is vihették volna, de most a rendőrségre vitték a gyilkost, mert így döntöttem.)

Ott, a kihallgatóban aztán közölte a gyilkos a rendőrséggel...

(Na mit?) Hát azt, hogy ő csak annak a nyomozónak hajlandó vallomást tenni, aki letartóztatta, mert ő az egyetlen, akit tisztel!

Jelen esetben az senkit se zavarjon, hogy nem Jack tartóztatta le a Hegyi Stoppost. Sharon *akkor is* csak Jackkel akar beszélni, mert ő a főszereplő! Nehogy már valami ismeretlen, bamba senki hallgassa ki pufók, hörcsögszerű arccal és buta, bizonytalan tekintettel! Ide férfi kell! Ez a nő veszélyes és ráadásul gyönyörű!

Jack be is ment, mert hallotta, hogy jó nő van a láthatáron. Hallotta már innen-onnan, hogy milyen csinos volt a nőci, ahogy megszaggatott ruhában menekült az erdőben a rendőrök elől.

Azért *ő sem* teljesen hülye ám, nem kell megijedni! Kóma meg leépült, saláta-szerű agy ide vagy oda! A cerka azért a helyén van!

Elő is vette... és elkezdett jegyzetelni...

Türelmesen várt, hogy a nő belekezdjen...

Sharon pedig ekkor belevágott a vallomásába! Fájt is Jacknek rendesen, de attól még azért csak folytatta a jegyzetelést:

– Jó, tehát most akkor miért is tette? – kezdte Jack a már megszokott, jól bevált kérdéskörrel, amit mindenki elsőre benéz, és a legféltettebb titkaikat is azonnal elárulják neki.

– Azért, mert gonosz vagyok, és embereket ölök. Én vagyok a gyilkos. – Hú, de szar eddig ez a párbeszéd! Tényleg ezért fizettünk annyit?!

– Először is, mit keresett ott a hegyekben? – kérdezte Jack. Na, ez már kezd érdekesebb lenni! Itt most hegyek vannak! Ott sok a köd meg a misztikum!

– Ott lakom – mondta Sharon.

– Ne próbáljon engem ilyen női trükkökkel meg „intuícióval" megetetni! Akármit is jelentsen az! Mégis miért stoppolna bárki is ott a hegyekben? Ott még autók sem járnak!

– És? Hadd stoppoljak már ott, ahol nekem jólesik! Jogom van hozzá, vagy nem? – Jack látta, hogy ezzel a nővel bizony semmire sem fog menni. Jól felvágták a nyelvét a kis fruskának!

154

És ráadásul rendkívül csinos is a pisze orrával. Annyira szép, hogy az már szinte undorító! Jack rosszul is lett egy pillanatra a nagy érzéstől, de aztán végül megemberelte magát:

– Jó, jó, elnézést! Nem akartam megbántani – zavarodott meg Jack. Egy pillanatra azt sem tudta, randevún van-e vagy hol! A ravasz nő jól rászedte!

– Semmi baj – mondta Sharon. – Akkor hazamehetnék már végre? Főznöm kell ma még szegény édesapámra, és a tyúkok is csak kornyadoznak.

– Persze – mondta Jack tehetetlenül. Teljesen lefegyverezte a nő lehengerlő logikája és éles esze. Nem is beszélve a testi vonzalomról, amit... odalent érzett. A térde ugyanis erősen nyilallt ilyenkor ősszel. (A történet a jövőben játszódik. *Ősszel.*)

Sharon, mivel elengedték, felállt, és lassan kióvakodott a folyosóra...

Majd szélsebesen futni kezdett!

A gyilkos elszabadult!

Komoly a veszély s a fenyegetettség!

Negyedik fejezet:
Komoly a veszély s a fenyegetettség

Nem volt már az előző epizódban is ez a címe az egyik fejezetnek?

De igen. És most ennek is ez a címe.

Sharon szélsebesen futni kezdett a folyosón.

De Jack sajnos nem hiába volt vén róka tele fekélyekkel!

Még időben utánaeredt, mert kezdett gyanús lenni neki, hogy hová fut annyira a nő letartóztatásban, a kihallgatás kellős közepén!

Felmerült benne, hogy esetleg menekülni akar, ezért elkapta a nő karját, visszavitte a kihallgatóba, és leültette.

Sharon erre egyáltalán nem számított! Még sohasem találkozott olyan intelligens és jóképű férfivel, aki megpróbálta volna leültetni valahová. Már ennél a pontnál biztos volt benne, hogy itt bizony csak a fülledt testiséget és a súlyos erotikát fogja tudni fegyverként bevetni.

Meglazította a legfelső gombot a blúzán. Nem gombolta ki, csak kicsit meglazította.

Ettől az összes nyomozó azonnal rosszul lett, és el akarták engedni a foglyot, mert túl szép ahhoz, hogy rabságban éljen! Jack viszont nem engedte nekik. Ő már látott korábban többször is nőt (egy ideje ugyanis titokban nős volt, de ezt csak a beavatottak és mindenki más is tudta). Ezért nagyjából már fel volt készülve az ilyen aljas húzásokra, amire csak a nők képesek. Diane is a végletekig tudta hergelni őt ilyen szex dolgokkal otthon, ha pénzt akart kérni tőle valami hülyeségre. Olyankor piszkálni kezdte a ruháját meg a haját borzolta. Néha cuppogott is hozzá erősen. Jack sosem tudta, hogyan csinálják, de a nők bizony nagyon ügyesek az ilyesmiben. Teljesen hülyét tudnak csinálni a férfiakból meg bárkiből. Még a nőkből is.

Jack tehát már számított erre, a fekélyekkel borított arcú vén róka! (Vagy ez így nem olyan vonzó? Jó! Akkor sem lehet mindig ugyanazokat a jelzőket használni, mert unalmas lenne.)

Jack tehát átlátott a fiatal, vonzó hölgy erotikus kisugárzásán és burkolt, kimondottan neki szánt szexuális utalásain. Ugyanis Sharon óvatosan olyasmire célozgatott, hogy:

– Nem akar szexelni velem, nyomozó? – Vagy ezt Jack csak képzelte volna? A detektív egy pillanatra elbizonytalanodott. Rájött, hogy egy ideje már egyáltalán nem figyel, és hogy valójában a nő előtt térdel, mindkét kezével annak egyik kezét tartja, és épp szerelmet vall neki. Gyorsan észbe kapott, és visszaült hát a helyére!

– Ne próbáljon meg manipulálni! – mondta Jack felindultan.

Sharon látta, hogy Jackkel bizony nem megy semmire. Túl kigyúrt hozzá, hogy bárki is tőrbe csalhassa, meg a pofája is tele van rusnya fekélyekkel. (Persze Jack még mindig nagyon jóképű, csak színesíteni kell néha a regényben felhasznált, ismétlődő kifejezések palettáját. Nem lehet mindig ezt a „vén róka" marhaságot használni, hogy fekélyt kapott a stressztől, amire már senki sem emlékszik, hogy kitől kapta el. Egyébként Diane-től kapta el, ezért is válik majd el tőle később, amikor a történet már a vége felé jár. Ez lesz benne az egyik legmeglepőbb fordulat! Ez majd „A válás" című fejezetben lesz!)

Sharon, mivel eddig a felsőtestével nem ment semmire, így most az altestével kezdett dolgozni, hogy azzal győzze meg a nyomozókat (Te jó ég, mi lesz itt!).

Úgy tettette, mintha unalmában forgolódni kezdene a forgószéken. Jobbra-balra ringatta magát, közben pedig látszólag véletlenül összevissza hadonászott a lábaival!

Mivel miniszoknya volt rajta (igen, azt erdőben való futás közben is hordanak bizonyos emberek), így képzelhetjük, *micsoda* látványt nyújtott! Azért *valami* csak kivillant itt-ott, nem?!

Nem. Ugyanis combközépig érő, száras alsónadrág volt rajta.

Már az előbb is említettük, hogy ez a történet a jövőben játszódik. Ősszel ráadásul. Hadd ne rohangáljon már szerencsétlen októberben egy szál miniszoknyában baltával a kezében! Csak azért, mert öt-hat embert megölt, még nem érdemli meg, hogy felfázzon.

Így Sharonnak ez a szertornászokat megszégyenítő láblengetés nem igazán vált be kihallgatás közben. A száras férfialsónadrágra elég kevés férfi gerjed. Ezért is tartóztatták le ott az erdőben, amikor futott a rendőrök elől.

Na de mi is történt akkor ott valójában? Sharon egy pillanatra elgondolkodik, és most egy drága speciális effekt segítségével áttűnik egyik jelenet a másikba:

Sharon lélekszakadva fut az erdőben...

– He-he-he... – liheg Sharon.

– Vaú, vaú! – ugatják a németjuhász rendőrkutyák felindultságukban.

– Hé! – kiabálják a rendőrök számon kérően. Hangjukból némi sértettség is kihallatszik.

– He-he-he... – liheg Sharon továbbra is. (Mégis mit mondjon?! Fut, és nehezen kap levegőt! Hadd ne kezdjen már el verset is szavalni közben!)

– Vaú, vaú, vaúú! – ugatják a németjuhász rendőrkutyák egyre jobban felbátorodva, hogy végre szagot fogtak. Már vagy fél órája kettő méterre a nő mögött loholnak, úgyhogy lassan ideje volt!

– Hé! – kiabálják a rendőrök tehetetlenül. Úgy tűnik, valóban kezdenek megsértődni rajta, hogy a nő miért nem áll már meg végre.

– Hé! – kiáltja Sharon is meglepetten, mikor felbukik egy kiálló gyökérben.

– He-he-he... – csaholnak a kutyák boldogan, hogy most végre utolérik.

– Vaú, vaú – kacsingatnak egymásra farkasszerű vigyorral a rendőrök. Könyökükkel is bökdösik egymást, hogy milyen jó kis csinos fogásra leltek végül! Most majd biztos beleszeret a nő mindegyikükbe, és hozzájuk is jön feleségül!

Persze nem így történt. Lefogták, és teleaggatták a foglyot bilincsekkel. Raktak egyet a fejére is. Oda nem kellett volna, de minden rendőrnél volt egy, így egyszerűen már nem tudtak mit kezdeni ennyivel! Mindenhová tettek bilincseket: a kutyákra is meg a fákra is. Minden le lett tartóztatva, és kész! Az a biztos! Így legalább senki sem rohangál el semerre.

Így történt tehát valójában a letartóztatás. Na látjuk, hogy miért nem volt korábban részletesen leírva?

Ezért, mert egy árva értelmes szó nem hangzott el közben! Nem kell tehát mindenféle misztikus dolgokra gondolni, csak azért, mert a rendező elhallgat bizonyos részleteket. Olyanokat, mint:

Vajon mi történhetett a nyomozó gyermekkorában, ott a patak mellett?

Semmi! Horgászott, azt' hazament.

Mi történt a gyilkossal gyermekkorában, ott lent a sötét pincében?

Semmi. Ült egy darabig, aztán felment.

Jó, jó! De mi történt *akkor*, amikor a szörnyű múltban embereket erőszakoltak meg, amiről azóta már senki sem mer beszélni?!

Semmi. Az emberek, ha megerőszakolják őket, akkor teherbe esnek. Vagy nem.

Látjuk, hogy a szörnyű, vészterhes múlt azért nem mindig rejt magában misztikumot és olyan érdekes borzalmakat, amin csámcsoghatunk? Ezért kell az íróra bízni, hogy mikor vágjon meg ügyetlenül egy dögunalmas jelenetet! Például most!

Ötödik fejezet: Pergő izgalmak

Közben a kihallgatóban már tetőfokára hágott a hangulat. A pergő izgalmaktól és a sodró tempójú semmittevéstől mindenkit a rosszullét kerülgetett.

Egyszerűen tehetetlenek voltak, ugyanis Sharon *csak nem* vallott be semmit! A rendőrök már kezdtek aggódni miatta, hogy esetleg itt ma nem lesz sem kivégzés, sem elhamarkodott halálbüntetés.

Szegény Jack pedig aztán tényleg próbált okosakat kérdezni. Már-már odáig feszítette a húrt, hogy a legősibb, legravaszabb technikákat is bevetette, amit még gyerekkori tanítómesterétől tanult: a vak rendőrtől a sarkon!

Próbált előhozakodni olyan klasszikusokkal, mint az „Ön a gyilkos?", továbbá még a „Vallja már be!" típusú módszerekkel is. Azok közül pedig különösképpen a „Maga volt?"-tal, utána pedig váratlanul még az „Ugye?"-t is hozzátette. A legnagyobb mentális rendőri tűzerőket vetette be, amire már élő ember nem képes értelmesen felelni, és nem is nagyon mer. Olyan iszonyatos mondatok hangzottak el, mint a „Hölgyem, mi ráérünk! Nyugodtan gondolja végig.", vagy akár a „Rendben. Vegyük hát újra még egyszer.".

Sharon viszont emberfeletti erővel állta a sarat. Vagy az is lehet, hogy egyszerűen csak ártatlan volt? Ez ugyanis néha előfordul.

Bármily meglepő is, a rendőrök néha találkoznak olyan esetekkel, amikor valamiért „nem ő tette". Ennek konkrét okát senki sem tudja, de azóta is alapos nyomozás folyik az ilyen speciális ügyekben. Sok ember állít ilyeneket, hogy „nem én tettem". De ez persze nem jelenti, hogy tényleg ártatlan lenne az illető. Van, aki után évekig nyomoznak, hogy *valóban* nem csinált-e semmit... aztán meglepő módon tényleg nem derül ki semmi az illetőről.

Hát *ennyire* nehéz ez a rendőri hivatás, és Jack ezt pontosan tudta is. (Hogy miért, azt már tudjuk, mivel ezerszer ki lett tárgyalva. De egyébként valószínűleg *azért*, mert képzett rendőrtiszt volt.)

Felmerülhet hát a kérdés Önökben, hogy „vajon mi mindent tudhat még ez a Jack nevű jóképű fickó"? Erre az a válasz, hogy ő *mindegyik* kérdésre ismeri a választ. Gyakorlatilag az összesre. Ettől függetlenül nem minden kérdésre képes értelmesen felelni, és az sem garantált, hogy bármelyikre is tudna logikus választ adni, vagy akár, hogy adott esetben hajlandó lenne-e rá. Viszont, hogy mindegyikre van *valamilyen* (többnyire értelmetlen) válasza, az biztos!

Ezért is (mivel Jack magas intelligenciája mellett erősen művelt is volt) jött rá a nyomozó, hogy jelen esetben egyetlen logikus megoldás maradhat:

Az, hogy Sharon egyszerűen nem bűnös! Azért nem vallja hát be, hogy az lenne, mert *nem az*. Van ilyen!

Így, hogy már tudták, hogy a nő teljesen ártatlan, abbahagyták hát a zaklatását és mentális bántalmazását szándékosan túlbonyolított keresztkérdéseikkel. Inkább megpróbáltak a bizonyítékok alapján elindulni, hogy egyáltalán elkövetett-e valaha bármit is.

Ekkor jöttek rá, hogy valószínűleg nem. Kiderült, hogy arrafelé a hegyekben (pontos földrajzi helye lényegtelen, de elég magasan történt) azért pusztult el az az öt ember, mert közülük négyet valószínűleg egy véletlenül arra járó helikopter leszakadt, eltévedt propellere darabolt fel. Körülbelül egyórás különbségekkel történtek a darabolások, csonkolások. Egy nagy fordulatszámmal pörgő propeller leszakadtában messzire elrepülhet ám! Még akár órákon keresztül is pörög ide-oda.

Ez végül is így teljesen logikusnak tűnt. Az utolsó férfit két nappal később szecskázták fel. Valószínűleg azt is a propeller okozta, mert „biztos még mindig lendületben volt".

Hogy ez hogyan lenne valaha is kivitelezhető, és mennyire felel meg a fizika bármilyen törvényének, abba a rendőrség nem akart belemenni. A nő már így is *épp eleget* szenvedett a szörnyen hosszú kihallgatás miatt. Több mint tizenkét percen át ostromolták a kérdéseikkel, úgy volt tehát fair, ha nem nehezítik meg még jobban a meseszép teremtés amúgy is hányattatott életét.

A leszakadó helikopterpropeller-elmélettel egy másik, szintén zseniális nyomozó állt elő: James, aki már egy ideje Jack társa volt borzasztó régóta. James nemcsak a bűnözői profilok megalkotásában volt utánozhatatlan, ami alapján ok nélkül bárkit le lehetett tartóztatni, aki nem szimpatikus, de az olyan elméletek felállításában is brillírozott, ami lehet, hogy sosem történne meg, mert nincs is értelme.

Ezért is tisztelték őt mindannyian, mert hatalmas fantáziával rendelkezett. Használta is: hazudozott éjjel-nappal, amikor csak tehette, és mindenki alaposan benézte a marhaságait.

Jelen esetben ő *tényleg* el tudta volna képzelni, hogy egy elszabadult helikopterpropeller szeletelt fel több nap alatt öt embert, de valószínűleg csak azért, mert James nem volt teljesen normális.

Olyannyira nem, hogy valójában *ő is* egy *sorozatgyilkos!* (Ez lesz az egyik *legnagyobb* csattanó a következő részben! Amikor ez kiderül, ott aztán mindenki garantáltan meg fog majd lepődni rajta, hogy James titokban végig sorozatgyilkos volt! Hiába ismerte végig mindenki Jack legkedvesebb társaként, bizalmasaként, legjobb barátjaként és mostohatestvéreként, akkor is közben végig gyilkos volt! És nem mondta el neki, hogy az!)

Sharonnak szerencsére pont kapóra jött James eltitkolt elmebetegsége. (A rendőrségen ugyanis valamely okból nem szívesen alkalmaznak bejáró betegeket a pszichiátriáról, ezért James sem hangoztatta gyakran, hogy őrült gyilkos.) Mivel mindenki feltétel nélkül bízott James szakértelmében (nem mintha értett volna bármihez is, de nagyon meggyőzően tudta előadni a hülyeségeit), így azonnal elfogadták a helikopterpropeller-elméletet.

Meg egyébként is ki ne akarná feltételezni a jót egy szép nőről? Egy szép nő miért szorulna rá, hogy embereket öljön? Miért szorulna rá bármi rosszra is? Végül is egy szép nő azt csinálhat, amit csak akar, nem? Sőt, bárki azt csinál, amit akar, nem?

Ezzel a logikával bizony senki sem tudott vitába szállni, Jamesével pedig nem is nagyon mertek. (Időnként ugyanis dühkitörései voltak, és olyankor igyekeztek mindent elpakolni tíz-tizenötméteres körzetben mellőle).

Egyetlen ügy maradt hát, amiért Sharonnak bizony súlyosan felelnie és bűnhődnie kellett. Jack neki is szegezte a kérdést kegyetlen őszinteséggel:

– Mi történt az édesapjával, akit mindenki szentként tisztelt, és aki annyira kedves és okos volt, hogy arra szavak nincsenek? (Szó szerint nincsenek rá, mert egy bunkó barom volt.)

Sharon ekkor meggondolta magát, és mégis vallomást tett:

– Rendben, beismerem: Apám szándékosan öngyilkos lett. De egyébként is véletlen volt!

Ki tudna ilyen érveléssel valaha is harcba szállni? A bíróság biztos nem tudna, így a rendőrség is jobbnak látta, ha nem avatkoznak bele a dologba. Inkább hittek neki, csak hogy ne kelljen vitatkozniuk.

Így a szakszerű eljárásnak köszönhetően egyértelműen bizonyosságot nyert, hogy Sharon ártatlan.

(Legalábbis sokan így hitték. Ebben a fura korban ugyanis, ami mellesleg a jövőben van, nem James az egyetlen bejáró beteg. A kezelés alatt álló skizofréneket pedig nem olyan nehéz ám meggyőzni bármilyen légből kapott marhasággal!)

Ki lehet tehát a bejáró beteg ezen a rendőrőrsön még Jamesen kívül? Mi folyik itt egyáltalán? Miféle jövő az ilyen?

Ez mind egyértelműen ki fog derülni az utószóban, tehát maradjon addig is velünk! Mármint ne *ezen* az oldalon! *Innen* mindenképp lapozzon tovább!

De még *ne* most! Még nincs vége a szövegnek!

Most már viszont lassan készülődhet a lapozáshoz, mert ez lesz itt mindjárt az utolsó mondat! Mindjárt kezdődik!

A felkiáltójel után azonnal lapozzon, és ne késlekedjen tovább, mert le fog maradni valamiről!

Hatodik fejezet: Fülledt erotika

Jack borzasztóan örült, hogy Sharont minden vádpont alól sikerült közös erővel, erőszakkal felmenteniük, csak azért, mert jól néz ki.

Gyorsan randevúra is hívta, mert ha gyanítható, hogy egy nő nem normális, és lehet, hogy egy csomó embert meg is ölt, akkor javasolt egyből minél közelebbi kapcsolatba kerülni vele. Lehetőleg olyan közelibe, amikor teljesen rá vagyunk utalva anyagilag, lelkileg és fizikailag is.

Jack ezért nemcsak randevúra hívta, de a kezét is megkérte, mert ő bizony a régi értékek híve volt. Régi vágású ember lévén pontosan tudta, mi az illem. Nem hitt a házasság előtti együttlétben (mivel amúgy sem tudta, mit jelent ez a kifejezés), és abban sem, hogy első randevún akár egyetlen csóknak is el kellene csattannia.

A csók túlzottan bizalmaskodó dolog, ezért inkább azonnal megkérte minden nő kezét, hogy szeretkezhessenek, mert az annyira lovagias, romantikus és kockáshasú dolog. Aztán persze a legtöbbjüket faképnél is hagyta utána. Nemcsak előtte, de még a házassága alatt is állandóan félrelépett. Viszont a leánykérést mindig nagyon komolyan vette. Még úgyis, hogy közben házas volt. Így is megkérte az összes nő kezét, akivel le akart feküdni. Na és? Megkérni bárkit meglehet bármire! Mindenkinek tudnia kellene talán, hogy húsz éve nős? Ő biztos nem árulja el!

A jegygyűrű meg bármit jelenthet valakinek a kezén. Végül is csak egy karika aranyból, amibe bele van gravírozva, hogy „Diane". Ilyenje bárkinek lehet. Nem látta hát értelmét, hogy takargassa, dugdossa vagy akár lenyelje. Ő biztos nem fog kotorászni utána a WC-ben!

Egyszerűen viselte, és kész, és azt mondta mindenkinek, hogy nem nős! Így sokkal egyszerűbb volt. Legtöbbször azt a magyarázatot használta, hogy a jegyűrűt az ikertestvérétől kapta kölcsön, mert az épp kómában van, és ilyenkor nem szereti hordani. Néha egy jólirányzott hazugság ugyanis sokkal hihetőbb, mint maga az igazság!

Ez persze jelen esetben nem így volt, de Sharon akkor is hinni akart Jacknek, mert neki is nagyon tetszett a jóképű, kivénhedt zsaru a lerohadt, fekélyes arcával. (Igen, még mindig jóképű, csak ügyelünk rá, hogy ne legyen szóismétlés!)

Jack felvitte ifjú, hamvas bőrű (harmincéves, jelenleg is drogfüggő exprostituált) menyasszonyát a vidéki faházukba, ahol a feleségével télen síelni szoktak meg szeretkezni. (Néha székelnek is, ha kell valamelyiküknek.)

Sharon látta, hogy a faház tele van Diane fotóival, de Jack érthetően elmagyarázta a nőnek, hogy az csak a húga ott azokon az esküvői képeken, mert a lány szeret jelmezekbe öltözni. Volt sajnos a hálóban egy olyan közös kép is róluk az ágy alatt, amin épp nagyon csúnya, előnytelen pózokban szeretkeztek, de Jack erről is elmagyarázta, hogy csak vicceltek. Rendkívül közeli a viszonyuk, és mindketten egykék. Ezért ők mindig is szorosabb viszonyban voltak egymással, mint más testvérpárok.

Ezt Sharon maradéktalanul elfogadta. (Mivel Jack nagyon jóképű volt, és tetszett neki a férfi, nem igazán figyelt rá, hogy miket magyaráz összevissza.).

Rengeteget beszélgettek aznap a semmiről, annyira érdekes témákról, hogy a párbeszéd itt nincs is részletezve, csak zenei aláfestés megy alatta, hogy a néző láthassa: „jól megvannak együtt a fiatalok".

„Milyen szépek együtt ezek a gyerekek!" (Az ötvenéves, őszülő zsaru büdös bőrkabátban és a lepukkant, kiélt fejű exprosti.)

Hé, hé! Azért ne legyünk ennyire rosszindulatúak! Végül is Sharont felmentették, nem? Már megszenvedett a bűneiért! Milyen jogon vádoljuk akkor? Neki is joga van a boldogsághoz! És Jack is jóképű! Ő legalább tényleg jó ember. (Még ha házasságtörő is, aki aljas módon becsapja a nyomorult, hűséges feleségét. Azt, aki végig kiállt érte, és ápolta őt a kórházban, még akkor is, amikor Jack kóma közben maga alá kakált).

Jó de akkor is! Jack is megérdemli már a jót! Az után a rengeteg nehezen kezelhető nőügye után, akiket mind bepalizott és hülyére vett, hadd örüljön végre ő is egy kicsit! Hadd legyenek már boldogok ezek a fiatalok! Ne rontsuk el rosszmájúan az örömüket!

Estefelé Jack be is húzta a függönyöket, és eldöntötte, hogy iszonyatosan hevesen fog most szeretkezni Sharonnal. Olyan vadul és mohón, aminek a látványától még maga a pápa is zavarba jönne! (A pápa egyébként mindentől zavarba jön, de ebbe most ne menjünk bele.)

Jack megfogta hát, és határozottan befelé tolta... a tepsit a sütőbe. Remélte, hogy ezúttal jól sikerül majd a kacsasült.

Majd, amikor már nem bírt magával, odarohant Sharonhoz, és határozottan benyomta, majd lassan kihúzta... a piszkavasat Sharon mellett a kandallóból. Kicsit meg akarta igazgatni a tüzet, mert túl hangosan pattogott. Talán nem voltak elég szárazak a fahasábok? Ki tudja?

– Nem bírom tovább – nyögte Jack. Visszament hát a konyhába megnézni a sültet, mert egyre éhesebb volt.

– Még! Még! – visította utána Sharon. Nagyon hamar elfogyott a bora, és kérte Jack-et, hogy hozzon neki még egy pohárral.

– El fogok menni – határozta el Jack a kacsát nézve, ahogy sül. Régóta el akart már menni, hogy vegyen egy új sütőt. Olyan mocskos volt az ablaka ugyanis, hogy nem látott be rajta rendesen. Ahhoz meg túl lusta volt, hogy nekiálljon súrolni meg kefélni. Inkább elmegy, és vesz majd egy másikat!

– Most tarthatom én neked? – kérdezte Sharon mosolyogva, amikor kilépett Jackhez a konyhába. Most ő tartotta a sütő ajtaját, amíg a férfi mert egy kis levet az ínycsiklandó, ropogósra sülő, aranybarna döglött állatra.

– Kívánlak! – duruzsolta Jack a kacsának. Alig bírta türtőztetni magát. Olyan éhes volt, hogy legszívesebben már sülés közben nekiállt volna disznómódra, két kézzel zabálni. (Néha csinált olyat, még mielőtt szálkásra koplalta magát a sorozat kedvéért. Ezért is hívták bizonyos körökben „égett kezű Jack"-nek, de csak a maffia szólította így, ami nagyon vagány dolog. Pedig ő csak dagadt volt régen, mint a szar.)

Jack lassan kihúzta a... tepsit, mert már látszott a kacsán, hogy hamarosan elkészül.

Elővette hát a meredező ceruzáját... abból a tolltartóból, amiből elég zavaróan kiálltak a tollak és más írószerek. Mindig tartott tőle, hogy egyszer nekimegy, és felszúrja magát rájuk. Nem is értette, minek gyártanak ilyen asztali írószertartót.

Ceruzájával hevesen megszúrkodta a libát (Jack viccből a kacsát néha így hívta). Úgy tűnt, a madárka már készen áll a befogadásra!

Végre ehetnek hát!

Berohantak a nappaliba, és Jack egyből nekiesett a nősténynek. (Jack csak nőstény kacsát kapott a piacon, pedig a hímnek állítólag még porhanyósabb a húsa.)

Sharon teljesen kikelt magából, és leszaggatta magáról a ruhákat. (Annyira melege lett evés közben, hogy mindkét pulóverét levette.)

Jack is levetkőzött. (Levette a cipőjét és a télikabátot is, mert a konyhában egy ideje nem működött a fűtés. Itt a kandallónál már sokkal kellemesebb volt.)

A férfi bevetette magát a lábak közé. Jack ugyanis a kacsamellet szerette a legjobban, és hagyta, hogy a combok nyugodtan legyenek csak Sharoné.

Finoman beleharapott a mellébe (a kacsa ugyan nem bánta, már úgysem élt). Valóban jól átsült, és Jack elégedetten cupogott-csücsörített (mint egy paraszt az elegáns étteremben).

Sharont nem zavarták Jack evési szokásai, mert ő csak a combjaira figyelt. Ő a kacsamellet általában túl száraznak tartotta. Örült is, hogy neki jutott mindkét formás, őrjítően kívánatos comb.

Szinte önkívületi állapotban gyúrta-karmolta hát a sajátját. (Szeretett játszani az étellel, meg ugye amúgy sem volt teljesen normális.) De aztán végül csak megette. De még előtte megízlelte a végén az érzékeny bőrt. Valóban ropogósra sült mindenhol a comb, Jack tehát jó munkát végzett. Sharon gratulált is neki érte.

Jack erősen örült, hogy Sharonnak ennyire jólesik, amit ő csinált neki. Ritkán főzött, és vágyott szegény az elismerésre. Miután végzett a mellével, megfordította a kis szépséget, hogy most a hátával folytathassa. Innen is elég ropogósnak tűnt a kacsa. úgyhogy vett magának még egy adagot.

Sharon nem bírta tovább. Jól lakott a rengeteg szándékosan lenyelt fehér kacsahústól. Így most már csak kiábrándultan piszkálta az összetöpörödött... krumplikat a tányéron, mert azok bizony nem sikerültek túl jól.

Jack is elment... a konyhába, hogy igyon valami töményebbet, mert alig bírta már megemészteni a rengeteg zsírt. Az alkohol állítólag oldja, tehát joggal feltételezte, hogy egy-két liter pálinka után még többet fog tudni zabálni a sültből.

A konyhában bedugta a pálcáját... a lefolyóba. Megint nem akart lemenni a víz, ezért is tartott már ott egy fémrudat erre a célra.

Most le-fel mozgatta benne, hogy hátha megindul. Egyre gyorsabban mozgatta, de az a rohadt szennyvíz csak nem akart megmoccanni!

Hevesen nyögött közben az erőlködéstől, de csak nem adta fel! Megmutatta a nőnek, hogy miféle fából faragták őt! (Ugyanis közben Sharon is kijött hozzá a konyhába.) Most már olyan határozottan tolta-húzta, hogy az sem érdekelte, ha az egész tetves csőrendszer szétesik, csak duguljon már ki végre!

Ekkor végre spriccelni kezdett! De csak odalent, ahol nem kéne, mert a lefolyócsövön elengedett a szigetelés a mosogatószekrényben!

– Ááá! – rikoltott Sharon. Ráspriccelt az arcára a kilövellő... szennyvíz. Szegény lány most aztán moshat arcot és hajat.

– Ááá! Glugy-glugy-glugy! – fuldoklott Sharon, mert sajnos véletlenül a szájába is ment a spriccelő szennyvízből. Ki is rohant a fürdőszobába, hogy rendbe szedje magát.

Utána Jack kidobta a régi tömítést, és felhúzott a csőre egy új gumikarikát. Végigpödörgette rajta, mert ezeket elég szűkre csinálják, hogy védjen a szivárgástól.

Aztán visszamentek Sharonnal a kandallóhoz, és végül azért szeretkeztek is egyet.

Hetedik fejezet: Alapos gyanú

Jack, amikor másnap reggel felébredt, egy belső, hatodik érzéknek köszönhetően (az most mindegy, hogy konkrétan melyiknek) gyanakodni kezdett a szerelmére:

Mi van akkor, ha mégis ő tette? Mi van akkor, ha ez a nő itt mellette valójában egy gyilkos? Ő pedig esetleg *ezért* dobott oda mindent? Még csak haza sem szólt a feleségének, hogy pár napig nem megy haza! Ő itt vidáman elvan, Diane meg csak otthon kornyadozik! Mégis micsoda dolog ez?!

De Jack nem olyan jóképű férfi hírében állt ám, akinek nincs lelkiismerete, hanem az, akinek igen, mert nem volt szívtelen. Neki ugyanis volt.

(Most akkor *mije* volt neki végül is?! Hát lelkiisme-r-e-t-e! Ezt ugatom már vagy fél órája! Ez egy egyszerű mondat! Alany és állítmány!

Azt állítom: Mije van neki? Utána azt, hogy szívtelen-e akkor, vagy sem?! Aztán pedig azt, hogy van neki lelkiismerete. Ennyi!

Mi ebben az ennyire bonyolult, hogy már órák óta nem bírunk továbblépni egy egyszerű kijelentő mondaton? Ha én egyszer azt állítom, hogy van neki valamije, akkor ne kérdezgessenek már állandóan vissza, hogy „mije van?". Van neki, és kész! Nem mindegy, hogy mi az? Én sem tudom!)

Jack tehát erősen megbánta tettét (a szívével, amiben a VÉR van! Így már érthető?).

Jack szomorúan bánkódott, és szorgosan figyelt kifelé magából bánatos szemekkel. Hogy is léphetett félre? Borzalmasan fájt neki ez az egész. Azért is, mert kényelmetlen volt az ágy, így hát felkelt, és nem pazarolta tovább az idejét ilyen lányos dolgokra.

Inkább elkezdett kutatni Sharon cuccai között, csak úgy kíváncsiságból.

Mégiscsak rendőr volt, meg ilyenek! Szeretett kotorni és zörögni. Szeretett kutakodni. Nemcsak mások életében, de gyakorlatilag bárhol. Régóta érdekelte már ugyanis a nyomozót, hogy vajon mi hajtja a nőket? Miért hordanak maguknál ennyi szemetet a kézitáskájukban?

Egyre mélyebbre és mélyebbre kotort Sharon életében, hosszasan matatva a papírzsebkendők és a törés esetén veszélyesen éles, apró „sminktükrök" sokasága között.

Mi lehet az, ami foglalkoztatja a nőket? Jack olyan elmélyülten töprengett, mint aki gondolkozik. Vajon mire kattannak a nők? Mikor kattannak be teljesen? Mikor van az a pont, amikor csak úgy ok nélkül lelőnek valakit? Lehet, hogy az, amikor valaki a táskájukban kotor? Mi lenne, ha Jack, mondjuk, ellopná most a nő rúzsát, és megtartaná magának? Vajon zavarná-e ez a nőt? És vajon *őt* zavarná-e, ha mától kezdve rúzsozni kezdené magát? Mint szólnának vajon a kollégái a rendőrségen?

Ilyen és ehhez hasonló fontos kérdések foglalkoztatták Jacket, ahogy egy szál gatyában kotorászott unalmában a retikülben.

Vajon mi mindenre képes egy nő? A szerelméért? A gyermekéért? Vagy akár a kézitáskájáért? Mi lenne, ha felébresztené most Sharont, és megfenyegetné, hogy bedobja a táskáját a kandallóba? Milyen arcot vágna akkor?

És ekkor jött rá Jack a megoldásra!

Azonnal felébresztette hát Sharont, és nekiszegezte a mindent eldöntő kérdést:

– Sharon! Ébredj! Ha nem mondod meg, hogy megöltél-e valakit valaha, akkor bedobom a táskádat a tűzbe! Felelj hát! Te tetted, vagy nem te tetted? Tettetted? Remélem, azt azért nem!

– Nem tettettem! És nem is én tettem, mivel nem tettettem!

– Mit tettél te?

– Mondom: semmit! Nem tettettem semmit!

– De azért valamit csak tettél, nem? Akkor is, ha nem tettettél!

– Ja! Mert, te talán nem tettetsz!

– Én?! Mit tettem?

– Semmit, de azt viszont láttam, hogy mindent *végig* tettettél!

– Akkor hát mégis te tetted!

– Én hát!

– Ezek szerint tettettél is!

– Ki? Én?! Én ugyan nem tettettem semmit. Legfeljebb csak tettem, de még azt se!

„Mi az öreg Istenről beszélnek ezek?" – kérdezhetnénk jogosan.

Nem tudjuk! Ezt a részt a fordítók csak találomra fordították le így, mert az eredeti, hegyi faházban játszódó skandináv történet kissé elmosódott volt a sok kacsazsírtól, amit az író buzgalmában felzabált. Így sajnos rögtönöznünk kellett. De egyébként így is ugyanolyan autentikus! A hiányzó betűk és szavak ugyanolyan rokonértelmű kifejezésekre lettek cserélve, tehát a mű hitelessége máig is megállja a helyét, akár több száz évre visszamenőleg. Legyen inkább több ezer! Úgy többet ér, és nagyobb rajta a „haszonkulcs" vagy mi.

– Mit tettél te valaha is értem? – rimánkodott már ekkor Jack. Úgy tűnt, nem áll túl jól az érvelésben.

– Tettetésen kívül semmit! Mivel nem én tettem! De te soha nem hitted el nekem, hogy nem én vagyok a tettes!

– Mi?! Most akkor terhes vagy?

– A *tettes* vagyok, te barom!

– Na látod, hogy *te vagy* a tettes! – húzta csőbe iszonyatos logikával Jack *azt* a nőt, akit élő ember nem győzött még le szóbárbajban! A nő IQ-ja több százra is rúghatott bizonyos szeles délutánokon, főleg így ősszel, amikor sok van belőle!

– Igen, *én vagyok* a tettes! És a *terhes* is! – próbálkozott Sharon ismét olyan aljas húzásokkal, amire csak egy terhes nő lenne képes a legváratlanabb pillanatban. – Terhes vagyok a gyermekeddel, Jack! Így már nem tartóztathatsz le soha! Örökké együtt kell maradnunk! Semmit sem tehetsz ellenem! Diplomáciai védettség! Hoppá! Hallottál már olyanról, kisöreg? Láttál te már terhes diplomatát? Érinthetetlen vagyok! Fizikai képtelenség letartóztatni!

– Akarsz fogadni? Csak engem figyelj! – röhögött Jack. Ismerte már az ilyen „terhes" trükköket! Felesége is volt az korábban! Kétszer is! Azt is megbilincselte minden alkalommal, hiába próbált ilyenekkel előhozakodni. Később aztán akkor se szedte le róla a bilincset, amikor a nő már szüléssel próbálkozott. Végül lett belőle két gyerek, de akkor is Jacknek volt igaza! (Hogy miben? Azt elég, ha Jack tudja! Ő a rendőr!)

– Most biztos azt hiszed, hogy nagymenő vagy! – érvelt Sharon kétségbeesetten. Látta már, hogy nem fog szabadulni. Jack erősen lefogta. – Te ócska szar alak! Te utolsó senki, hogy rohadnál meg! – szorítkozott Sharon a tényekre. – Repedjé' ketté hosszában, te paraszt!

De Jacket ilyenkor már semmilyen logikai érvelés nem hatotta meg. Mondhattak neki olyan jogi kifejezéseket is, mint a „Haljá' má' meg!" vagy mint a diplomás, felső-középosztály köreiben oly méltán népszerű „Nyaljá' sót!". Ő bizony ilyenkor már hajthatatlannak bizonyult. Ha Jack egyszer nekilódult, hogy „bevisz" valakit, ott aztán kő kövön nem maradt! Képes volt a sódert és a köveket is behordani a Duna-partról a rendőrségre, ha egyszer „be kellett vinni".

– Kérlek, drágám! – fogta Sharon könyörgőre. – Hisz tudod, hogy szeretlek! Én az *édesanyád* vagyok!

Hoppá! Jack ettől egy pillanatra megzavarodott! Nem volt rossz trükk, meg kell hagyni! Egy pillanatra majdnem benézte, de csak egy röpke másodperc erejéig! Nézett is előre szorgalmasan, hogy „akkor most mi van?" De már ez sem hatotta meg Jacket! Lehetett volna Sharon akár Jack apja is, most *azt is* bevitte volna! Mint ahogy tényleg be is vitte. Azóta is börtönben van az öreg! Jack anyjával együtt. Vele aztán nem fog egyikük sem szórakozni! Ott legalább van idejük gondolkozni. Legalább okulnak az esetből!

Nyolcadik fejezet: Bűnvádi eljárás

Azért lett ez a fejezet címe, mert borzasztó komolyan és szakszerűen hangzik. Pedig ez csak kitaláció. Hiszen ez ugye nem megtörtént eset, hanem csak fikció.

Akkor viszont nincs is ilyesmi a való világban. Ilyen kifejezés tehát nem létezik, és nem is fog. Ettől függetlenül nagyon „rendőrösen" hangzik meg olyan bíróságosan, ahol azok a „tárgyalások" vannak, és ahol az emberek olyan fehér parókákban mászkálnak. Azokat valami „ügyvédeknek" hívják, akik „vádaskodnak" vagy tudom is én mit csinálnak olyankor! Ők biztos tudják, mire jó az olyasmi!

Mindenesetre *ebben* a történetben *akkor sem* lesz ilyen! Mint ahogy *mezítelenség* sem! Na arra aztán hiába várunk!

Azért csak tetszett nekünk az a kacsás jelenet, ugye? Szeretjük a madarakat, mi? *Persze!* Ismerem ám én is a dörgést! Azért *csak belegondoltunk,* hogy mi minden történt ott! Na, vajon mi? Most csak így egymás között? Biztos, hogy senki sem hallja meg? Akkor most tényleg eláruljam?

Semmi!! Kacsát ettek! A krumpli pedig szarul sikerült.

És itt nem lesz ám bűnvádi eljárás sem! Pontosan ugyanezért! Úgyhogy kár is ennyire erőltetni ezt az egészet!

Jack „bevitte" hát Sharont a kapitányságra, és mindennemű eljárás nélkül börtönbe dugták! Minek annyit molyolni a papírmunkával? Így a történet is egyből lendületesebb. Sharon pedig azonnal máris az elítéltek között szenved, ahol mindenki leszbikus, és kihegyezett fogkefékkel hadonásznak a börtönudvaron, ahol a mesterlövészek a toronyból közéjük durrantanak, ha épp olyan kedvük van.

Lehetett volna tehát a fejezet címe az is, hogy „A börtön", de nem az lett a címe, mert nekem nem tetszik. Az túl

„börtönösen" hangzik. Túl deprimáló. Az ember egész nap be van oda zárva, meg unatkozik is. Csak rohangálhat a négy fal között, már amennyi helye van rá! Borzasztó! Azok a cellák olyan szűkek, hogy az ember fel sem tud állni bennük rendesen. Ha felállsz, azzal máris megint ülsz! (Ez nem képzavar, ott *valóban* ilyenek történnek, mert szűk a helyiség.)

A börtönben felettünk, az emeleteságyon nyögdécselő cellatárs sem könnyíti meg túlzottan azt a bezárt, sanyarú életet azzal, hogy egész éjjel csak fekvőtámaszozik vagy mit csinál! Közben olyanokat sugdos lefelé éjnek évadján, hogy „te nem szállsz be?".

Ja persze! Kell is nekünk izomláz egy ilyen szűk helyen! Szenvedjen a franc, inkább döglök egész nap idelent az ágyon! Gyere le, ha akarsz valamit, jóbarát!

Na, ilyen hely ez a börtön! Ezért nem ez lett a címe. De mi más lehetett volna akkor *még* a címe ennek a fejezetnek?

Nem tudom! Nem tudnánk végre továbblépni? Lassan ideje volna!

Lehetett volna, mondjuk, az a címe, hogy „Sharon új szerelme"?

Hol? A *börtönben*? Valami leszbikussal? Dehogy is! Mégis miféle könyvnek látszik ez? Most akkor álljanak neki nők egymáson fetrengeni, vagy mi? Még jó, hogy nem mindjárt „börtönszerelem"! Na azért mindennek van már határa! Még hogy leszbikusok! Állandóan csak a *mezítelenség*! Így képtelenség színvonalas regényt írni!

Oldalakon keresztül beszéltünk már kacsákról, lefolyókról, fekvőtámaszról, még mi nem kéne? Ennyi erotikától még a pápa haja is égnek állna! (Neki egyébként... de ebbe most tényleg ne menjünk bele.)

Na tehát! Ha végre már túl tudnánk tenni magunkat ezen a leszbikus kérdésen, akkor esetleg megpróbálnám folytatni a valódi történetet! „Mije van neki"-„Mije van neki"? Lelketlen-e meg leszbikus-e? Nem mindegy az?! Én már látni sem akarom! Majd, ha elmentem innen jó messzire, akkor gondoljon bele, ha még mindig van kedve hozzá! Én nem akarok tudni az ilyen részletekről! Megvan nekem a magam baja az ilyen sikamlós témák nélkül is!

Folytathatnánk akkor?!

Tehát bűnvádi eljárás nem volt.

Nem is lesz.

Ne keressük.

A következő fejezetben sem lesz.

És leszbikusok sem. Hisz nem épp az előbb mondtam?! Itt aztán nem lesznek leszbikusok sem fekve, sem hanyatt lökve nem fogják produkálni magukat mindenféle matracokon meg nyikorgó vaságyakon! Semmilyen pózban! Még a zuhanyzóban sem. Vizesen meg aztán pláne nem!

Ja, hogy a börtönben kéne, hogy legyen ilyen? Ki szerint? Ön szerint? Vagy *így* már *konkrétan* azért talán mégse?

Sejtettem! Rendben, semmi baj! Én tényleg nem haragszom! Megesik az ilyen. Nekem is vannak úgynevezett „elvárásaim". Belegondolok én is ebbe-abba, de most *tényleg* ne menjünk már bele *ebbe* is, mert így sosem végzünk!

Mi történt tehát a börtönben?

Nem tudom! Teljesen elvesztettem a fonalat. Sharon leszbikus lett. Ezt akartuk hallani? Hát tessék! Ez a vége az állandó erősködésnek!

Végül is nem is volt olyan nehéz leírni. Ezen most én magam is meglepődtem egyébként!

Tehát Sharon is nekiállt fekvőtámaszozni. Kigyúrta magát. Arra edzett, hogy egyszer kiszabaduljon, és kockás hassal rúghassa majd arcon a nyomozót, aki idejuttatta! Aki mindvégig tettette! Azt is megtette vele, hogy tettette, hogy idejuttatta! Tele egy csomó t bettűvel! Az az álnok, jóképű szemétláda, aki teherbe ejtette, aztán eldobta, mint a rongyot! Sharon majd ad neki rendesen, nem kell megijedni! Ha kell, ki is szőrösödik azért, csak hogy egyszer kijusson innen! Jack akkor aztán megkapja a magáét!

Az a vén, jóképű gazember, hogy rohadna le a feje a fekélytől!

Kilencedik fejezet: A válás (s egy újabb fekély)

Jack egyik reggel arra ébredt, hogy lerohadt a feje a fekélytől.

Á, nem! Ezt csak Sharon álmodta odabent, ahová „bevitték".

Jack igazából jól van. Ő mindig jól van, mert kortalan és halhatatlan. Ez egy történelmi regény, ahol a nyomozónak görög mitológiai, istenszerű képességei vannak. Vagy legalábbis két-három nap alatt nem öregedett túl sokat. (Azt is csak tettette.)

Jack felébredt, és arra gondolt, hogy fel kéne kelnie. (Ilyenkor ugyanis ébredés után nincs értelme a végtelenségig feküdni, hogy az ember ott pusztuljon éhen az ágyban!)

Ezért aztán fel is kelt, és eldöntötte, hogy elválik.

Csak így! Mint ez a hang itt! (A csettintést hozzá kell képzelni, majd később alákeverik.)

Jacknek volt ugyanis egy olyan (hatodik) érzése, hogy előbb-utóbb még a végén fekélyt kap ettől a nyomorult, tönkrement házasságtól!

Ő hiába is próbál egész nap nyomakodni Diane felé az ágyban, meg tülekedni, ha az egyszer állandóan csak kornyadozik! Ez így nem mehet tovább!

Azért a fekélynek is van határa! Hány legyen már Jacknek belőle az arcán? Vagy akárhol a belében?

Neki miért kell ennyit gyötrődni? Hiába szívja egész nap a cigarettát, hiába issza hullarészegre magát munka közben, reggel 9 órakor, hiába nőzik, és lép félre minden egyes nap, akkor sem lesz így boldog! És ráadásul az a rohadt krumpli sem sikerül soha! Mindig csak összetöpörödik a végén! (Minek a végén? A sütés végén! Mégis mire gondoltunk?) Jacknek elege volt már a sütésből, a kacsákból meg ezekből a „mije van" típusú kérdésekből is!

Belefáradt az örökös harcba! Nem véletlenül dolgozott egyedül már jó ideje a vén, magányos róka! (Többnyire Jamesszel dolgozott párban, de ez most lényegtelen.) De hogy jön ide most a munkája?

Mert abból is elege volt már! Őt ne izélgessék állandóan a munkájával sem!

Ezért is döntött úgy, hogy elválik. Neki ne kornyadozzon senki durcásan az ágy végében, ha ő egyszer kacsára vágyik! Jó zsírosan!

Hadd zabáljon már azt, ami jólesik neki! Akár töpörödik a krumplija utána, akár nem!

Na, így kap ő a végén mindig fekélyt! Mert mindig jól *felhúzza* magát. Diane-től is így kapta el. Mert őt is felh... Mindegy!

Felesleges már azon lovagolni, ki mit kapott el kitől!

A házasságnak ezennel vége. Ő bizony elválik.

Diane ekkor finoman megemlítette, hogy mi lesz így a két gyerekükkel?

Jack ebbe fokozottan belezavarodott. De mivel már tudta, mire mennek ki ezek az olcsó kis trükkök, ezért erre is csak rálegyintett. Ő akkor is elválik, és tesz az egészre!

Micsoda dráma! Reszkető ajkak s épületek! Földrengés! Világvége! Dől a könny mindenhonnan! Senki sem boldog!

Sharon a börtönben ül (még akkor is, amikor áll), Diane válik, pedig azt sem tudja miért, Jack meg azt sem tudja, mióta van gyereke! Pedig *van* neki! Hisz lelkiismerete is van és *szíve* is, tele vérrel, ami most aztán dől odabent minden irányból!

Kérdések s talány. Több, mint puszta rejtelem! Annyira, hogy az már szinte valóság! Ráadásul mindez a jövőben játszódik! Ősszel!

Mi lesz most így?

Az kiderül a következő részből! Ha lesz!

Ne hagyja hát ki! Mert akkor aztán nem lesz! Önnek biztosan nem.

Önnek egyébként mije van? De most csak így kettőnk között?

Akár *ott*? Vagy más országokban.

Belegondolt már? Pedig lassan ideje lenne!

– VÉGE A HARMADIK RÉSZNEK –

Utószó:
Ahol lehet, hogy szintén nem derül ki semmi

1. Ki tehát akkor az a pápa?

Egy mélyen vallásos ember, aki a Vatikánban él. Ő feltehetően nem igazán díjazza az erotikus regényeket. Szerintem biztos nem. Remélem, nem!

2. Milyen tájban érkezik idén az ajándékkal a pápa?

Az a Mikulás, elnézést kérek! Azért alapfogalmakkal legyünk már tisztában! Ő egyéként is Lappföldön él.

3. Szereti-e a Mikulás az erotikát?

Ezt nem tudom megmondani sajnos. Majd talán a folytatásból kiderül. Remélem, nem fog! Tudni sem akarok már az ilyen szintű részletekről! Kérem, menjen el jó messzire, és ott olvasson róla, hogy én egyáltalán ne is tudjak az egészről!

4. Mije van akkor végül is Jacknek?

Kicsi szíve van neki, ami nagyon szeret, lelkiismerete is, továbbá töpörödött krumplija van odalent, a sütőben.

Ne feledjük: alany, állítmány! Sima egyszerű mondat. Nem olyan bonyolult, nincs benne semmilyen összetett, ragozott alany, meg ilyenek!

Tehát azt állítjuk: Mije van neki? Utána meg a jön az alany, hogy Jacknek!

Na és akkor *hol* van az állítmány?

Nem tudom! De lassan már az egész nem is érdekel! Én valahol a börtönben elvesztettem a fonalat a leszbikusoknál!

5. Azért csak el kéne már dönteni végül, hogy mije van, nem?

Rendben. Akkor most próbáljuk meg újra, de ezúttal nyugodtan:

Tehát alany, állítmány.

Mit állítok? Azt, hogy mije van. De akkor hol van a rohadt alany?

Nem tudom! Jack az! Vagy nem. Nekem már mindegy. Feladom! Akkor *nincs* lelkiismerete, és kész! Így most jobb? Ugye, hogy nem? Ezért nem kéne annyit vitatkozni a nyelvtanon!

6. Miért nem voltak akkor leszbikusok a börtönben?

Ez most komoly?

7. Nekik van-e valamijük?

Remélem, lesz, és fájni is fog nekik rendesen! Á, csak viccelek. Nincs velük semmi bajom, de én most itt konkrétan nem róluk akartam írni. Valójában meglehetősen szimpatikusnak találom őket. Az ember azért *csak* belegondol ebbe-abba, hogy mit csinálhatnak együtt, nem? De ez a történet most itt a kornyadozó Diane-ről szólt, és a szőrösödő Sharonról, aki azóta is edz a börtönben. Ő most épp agyra gyúr egyébként a börtönkönyvtárban, hogy lediplomázhasson odabent jogból, és egyszer majd „fellebbezzen". Akkor majd végre kijut.

A „fellebbezés" kifejezésről pedig majd a következő részben esik szó.

8. Mit keres akkor a Mikulás a Vatikánban?

Nem tudom! Mit? Nekem fogalmam sincs! Nem én küldtem oda, az biztos! Talán ő is szeret kotorni. Talán még mások táskájában is. A pápa, mondjuk, tuti, hogy nem fog örülni ennek (sem)! Ennyi erotika, aztán meg még ki is rabolják utána!

9. Honnan származik a kifejezés, hogy valakit „évekre leültetnek"?

Na végre egy értelmes kérdés!

Pontosan ebből a történetből származik!

Azt jelenti, hogy olyan szűk a cella, hogy már akkor is ül az ember, amikor egyértelműen, kiegyenesedett gerinccel áll, és fokozottan néz maga elé, a fejéből kifelé. Ráadásul mindezt éveken át teszi!

10. Mi volt az a duma ott az elején, hogy tele lesz bilincsekkel a történet?

Miért? Így nem volt elég? Jutott belőlük a fákra is, még a nő fejére is tettek, meg a kutyákra is! Még mi nem kéne? Én igazán kitettem magamért!

11. Hol volt akkor az a „hű de nagy" erotika?

Lásd: kacsa. Rá lehet keresni nyugodtan!

12. Mikor játszódik a történet?

Ajjaj! Úgy látom, ez egy visszatérő probléma lesz! Már inkább bele sem mennék! Maradjunk egyelőre az őszben, abból baj nem lehet! Most tényleg nem akarok történelmi regényekkel példálózni, mert így az életben nem végzünk!

13. Mennyire őrült Jack társa, James?

Nagyon! Ráadásul végig Jackkel dolgozott, és az meg észre sem veszi! Jól meg fog lepődni a következő részben, amikor majd kiderül!

14. Ki lehet tehát a bejáró beteg ezen a rendőrőrsön még Jamesen kívül? Mi folyik itt egyáltalán? Miféle jövő az ilyen?

Ez egy veszélyes jövő. Jamesen kívül még két titkos bejáró beteg dolgozik az őrsön, de az ő nevüket senki sem tudja, mert sosem lesz szöveges szerepük.

15. Mi lesz a következő részben?

Ja, majd biztos elmondom előre! Nem szokásom összevissza spoilerezni. Egy pap lesz benne egyébként. Mikenak hívják. És egyáltalán nem pedofil. Ez fontos. A jó pap holtig tanul. De Mike atya nem! Ugyanis ő nem jó vagy nem pap, vagy tudom is én, mi nem, majd menet közben úgyis kitalálom!

GABRIEL WOLF

A pap

(Valami betegesen más, #4)

Arte Tenebrarum Publishing
www.artetenebrarum.hu

Fülszöveg

A pap („Valami betegesen más" negyedik rész)

A jó pap holtig tanul. De Mike atya nem! Mármint úgy nem,
hogy ő nem egy „jó pap". Tanulni még csak-csak tanulna, de
arra meg ideje nincs. Így hát kénytelen nyolc általánossal
papnak állni. Fogalma sincs erről a szent hivatásról. Úrvacsora-
osztásnál ahelyett, hogy bort adna a hívőknek, ő helyette arcon
önti őket. Amikor ostyát kéne helyezni a nyelvükre, inkább
kimegy kapálni a kertbe. Teljesen kiszámíthatatlan! Sosem
tudni, merről érkezik! Van, hogy például balról!
Ministráns fiúkat zaklat. Nem pedofil, egyszerűen csak túl sok
házi feladatot ad nekik. Miért? Mert megteheti! Hiszen pap, és
rá senki sem gyanakodna! Biztos, hogy nem pedofil? Persze,
hogy nem! Az már tényleg túlzás lenne. Ki akar olyan
mocsokról olvasni? Mike biztos nem, úgyhogy elkezd
pedofilokat ölni. Megtisztítja a várost a szennytől egyszer s
mindenkorra! Kérdés, hogy ezzel rosszat tesz-e egyáltalán?
Nem inkább *szívességet* tesz ő a világnak? Jack, a detektív úgy
gondolja, hogy igen, ezért komoly fejtörést okoz neki az ügy.
Nem is biztos benne, hogy egyáltalán le kéne-e tartóztatni az
elkövetőt. Ebben az epizódban iszonyatos lelki válságba kerül
főhősünk. Hisz hogyan tartóztathatna le egy olyan embert, aki
csak rossz embereket öl? Egy olyat, aki ráadásul *még pap is*!
Szívszaggató dráma, marcangoló kín, vulkánként kitörő
érzelmek, óceánszerűen hömpölygő könny-cunami! Ez mind
ebben az epizódban!

FBI figyelmeztetés

Kérjük, ne tegyen semmi illegálisat! – köszönettel: az FBI
(Úgyis mindig csak ez a lényege, nem? Minek túlragozni?)

Köszönetnyilvánítás

Köszönöm szépen!

(Ebben benne is van minden! Udvarias, de azért mégsem túl benyalós. Szerintem jó benyomást kelt. A „szépen" pedig kifejezetten kifinomulttá teszi. Mondhatnánk úgy is, hogy „széppé". Végül is arra utal a szó. Pláne így kommentárral. Így még érthető is!)

Első fejezet: Az Atya, a Fiú és a Jacklélek

Sok kedves olvasóban számtalanszor felmerülhetett már, hogy vajon van-e Jacknek lelke vagy lelkiismerete.

Akárcsak a „Mije van neki?"!

Ismerős a kérdés?

Ha igen, hát nem véletlenül! Hisz épp Ön kérdezte ezt legutóbb! (Vagy ezerszer! Amitől e történet íróját nemrég már az agyvérzés kerülgette).

Hát most végre kiderül! Minden alanyra s állítmányra fény fog derülni! A sokakat régóta foglalkoztató kérdésre végre *itt* a várva várt válasz:

Jacknek lelke van. Nem is akármilyen. Ő aztán nem egy szívtelen szemétláda, aki senkire sincs tekintettel. Ugyanis van szíve neki! És az pedig mindig a helyén van.

De akkor most melyik van neki a kettő közül? Lelkiismerete vagy szíve? Mije van akkor Jacknek?

Na! Ebbe is kár volt belemenni! Mindjárt így az elején?! Újabb fél oldal szállt el a nagy semmire!

Sebaj! Haladjunk tovább, mintha mi sem történt volna. Hátha akkor nem tűnik majd fel.

Jacknek tehát lelkiismeretfurdalása volt, és úgy döntött, elmegy gyónni egy jó nagyot a templomba. (Nem, nem a Vatikánba megy a pápát letartóztatni! Most csak gyónni megy a sarki templomba. Hogy mi Jack vallásának pontos meghatározása? Amiatt tényleg ne fussunk már felesleges köröket! Abból úgyis megint csak a vita lenne!

Valami keresztény... Teljesen mindegy, hogy azon belül micsoda vagy melyik fajtája vagy mije. A lényeg, hogy szokott imádkozni meg gyónni, és a végén mindig azt mondja, hogy Ámmen. Tehát vallásos. Gondolom, ebben megegyezhetünk.

Ezek csak olyan általános dolgok. Nincs bennük semmi extrém, hogy most itt megint felesleges, világméretű hisztit generáljunk köré!)

Tehát ott tartottunk, hogy Jack „bemegy" a templomba. Ott meg azt mondják, hogy:

– Aaa-aaa-aaa-aaa-óóó-óóóó – Igen, ez a templomi kórus így hangok nélkül nem olyan szép, de azért így is érezhető belőle a misztikus hangulat!

– Óóó-óóó-óóó-á-á-á-áááááá-ááá – Vannak köztük meglepően mély férfihangok és gyönyörű, angyalian magas női hangok is. Ez most tényleg színvonalas! Milyen nagyszabású! Szépen szól. A múltkori után most végre kitett magáért a rendező. Az előző részben ez kb. úgy szólt volna, mint egy műanyagvödörben kotorászó csonkalábú vakond. Vagy még úgy se!

Jack tehát „beviszi" magát a templomba. Kicsit hallgatja ő is a kórust... gyönyörködik az angyali melódiákban. Szépek ezek a fiatalok! És milyen jól is énekelnek! Van köztük pár igazi tehetség. Főleg az a helyes lány ott a szélén...

Miután Jack kiömlengte magát ok nélkül, hogy ki mennyire helyes meg szexi, a detektív végül bemegy, és leül a gyóntatófülkében.

A rácsos ablak túloldalán, a szomszédos fülkében ekkor megmozdul a pap. Észrevette, hogy kuncsaftja jött. (Ez a „kuncsaft" nem valami szép kifejezés ide, hogy a fene vinné el! Ugye, hogy jól érzem? Ez a szó lehet, hogy inkább az előző epizódba illett volna? Jó! akkor legyen „felebarát". Az paposabb. Az biztos neki is jobban tetszene.)

Tehát a szomszédos fülkében güzü módjára mocorogni kezd a pap. (Feltehetően a pap, mivel nem látjuk, hogy ki van ott. Remélhetőleg egy pap! Végül is ki más lenne? Ki más ücsörögne egy gyóntatófülkében ilyenkor?)

„Ilyenkor?" Az meg mikor van? Mikor játszódik ez a történet?

Na! Helyben vagyunk! Pedig már naivan azt hittem, hogy a templomi kórussal mindenki ellesz egy darabig... Ezek szerint ez sem elég!

Szóval akkor ez az epizód a jövőben játszódik. Tavasszal. Az ugyanis reményt keltőbb, mint a múltkor az ősz. Az olyan lehangoló volt, nem? Ahogy futott meg lihegett az a nő ott az erdőben! Jó, tudom, hogy jól nézett ki, meg a ruhája is darabokban lógott róla, de akkor is! Tele volt köddel az erdő a hideg miatt. Én utálom! A tavasz jobb. Az olyan, nem is tudom... madarasabb! Olyankor csicseregnek összevissza. Ezért játszódik hát tavasszal.

És miért ólálkodnak papok *tavasszal* a gyóntatófülkékben?

Ki mondta, hogy „ólálkodik"?!

Semmi rosszat nem tesz a nyomorult! Csak ül ott, és várja, hogy felebarát érkezzen hozzá gyónni!

Amikor tehát a pap hallja, hogy megérkezett hozzá... az ügyfél!... (Nem. Ez sem szép. Maradjunk a felebarátnál.) Tehát, amikor látja, hogy *jöttek* hozzá, átszól a rácsos ablakon keresztül:

– Ki van odaát? Ki az?! És mit akar éntőlem?

– Jack vagyok – mondja Jack.

– Nem ismerek semmiféle Jacket!

– Talán azért, mert még sosem találkoztunk. Most vagyok itt először.

– Á, valóban?! És akkor mégis, ki maga, árulja már el, legyen oly kedves!

– Jack vagyok – mondta Jack.

– Ezt már hallottuk! Most valami újjal állj elő, kispajtás! Ismerem én a magadfajtákat!

– Igen? – kérdezte Jack kíváncsian. – Akkor mondja meg, hogy mivel foglalkozom!

– Na jó, azt azért nem biztos, hogy meg tudnám mondani, de ismerem én a fajtádat! Te is csak valami bűnöző vagy! Tudni sem akarom, hogy miket művelsz, fiam! Nekem meg se gyónd, mert hallani sem akarom! Beteg vagyok már tőle!

– Nyugodjon meg atyám, én csak egy rendőr vagyok!

– Mi?! Rendőr?! Hol?! Nem én tettem! Én nem öltem meg senkit!

– Ki mondott olyat, atyám? Én nem vádolom magát semmivel.

– Ez egészen biztos? Gyilkossággal sem? Egymás után többel sem, amiket mind itt a környéken követtek el? Vagy akár itt, ebben épületben, az alagsorban?

– Nem. Én nem vádolom magát semmivel.

– Ja? Jó! Akkor viszont gyónj meg, fiam, nyugodtan. Mondd csak, hányat kérsz?

– Hányat? Miből?

– Imából! Fiam, figyelj már oda kicsit! Mégiscsak templomban vagy! Legalább a Jóistent tiszteld meg!

– De atyám, gyónáskor imát nem a pap szokott osztogatni.

– Egész biztos vagy ebben, fiam?

– Teljesen.

– Jó, akkor hányat *adsz te* nekem? Így már jobb?

– Atyám, maga egész biztos, hogy pap?

– Ez most kihallgatás?! Mondtam, hogy nem én öltem meg azokat az embereket!

– Nem kihallgatás. Mindegy, hagyjuk! Nézze, ez úgy szokott történni, hogy a pap megkérdezi: Mióta nem gyóntál? Aztán, hogy mi bűnt követett el az ember azóta. Utána megmondja a vétkezőnek, hogy hány imát mondjon el vezeklésül. És aztán az Isten megbocsát. Jó esetben.

– És szerinted én ezt mind nem tudtam? Vagy úgy érzed, nálam is jobban tudod? Miért nem cserélünk akkor helyet, fiam, ha egyszer te ennyivel jobban értesz hozzá?

– Jó, elnézést!

– Na látod! Rendben, akkor hát mikor gyóntál utoljára? Nem mintha az előbb én nem ezzel akartam volna kezdeni.

– Hát... mikor is...

– Most akkor tudod vagy nem tudod? Akkor miért erőszakoskodtál, hogy mindenképp ezzel kezdjem?

– Jó, jó, nem emlékszem, na!

– Mire nem emlékszel? Hisz az előbb mondtad, hogy kezdjem *ezzel*! Most már akkor hazudok is? Ezek szerint nemcsak sorozatgyilkos vagyok szerinted, de még hazug is, ugye?

– Úgy értettem, nem emlékszem, mikor gyóntam utoljára.

– Ja, az más. Akkor viszont nyugodtan meggyónhatsz. Mikor gyóntál utoljára?

– Ezt már az előbb kérdezte.

– Jól van! És mi volt az a második kérdés?

– Az, hogy mit követtem el.

– Na mit? Halljuk! Gyerünk!

– Ezt nem így szokták kérdezni. Jó, mindegy. Hát... megcsaltam a feleségem. Félreléptem párszor.

– Egész pontosan hányszor? És konkrétan hogyan csináltátok azokkal a kis *nőcskékkel*?

– Ezt nem így szokták megkérdezni, atyám.

– Jó, akkor konkrétan hogyan csináltátok a *nőkkel*?

– Nem ezt! A másikat!

– A másikat is megcsináltad? Hát neked *semmi sem* szent?!

– Úgy értem, a másikat szokták csak kérdezni! Azt, hogy hányszor történt! Nem azt, hogy hogyan csináltuk!

– Zzz-zzzz-zzzz! – Váratlanul megszólalt Jack telefonja. De rezgőre volt állítva, ezért a Dolby Surround effektek sajnos most elmaradnak.

– Ki az? – vette fel Jack.

– James vagyok, a társad. De hát nem írja ki a számomat a telefonod?

– De – mondta Jack. – Csak nem tudtam, kinek a száma ez.

– James vagyok, te szerencsétlen!

– Ja? Miért hívsz? Tudjuk már a gyilkos kilétét?

– Nem. Most még az előző ügyről van szó. A Pedofil Gyilkosról.

– Ja? Amiatt ne aggódj – mondta Jack. – Már nyomon vagyok. Épp azon az ügyön dolgozom.

– Komolyan? Azt hittem, már letettél róla. Senki sem tudja, ki az, mert a fickó túl intelligens, és emiatt képtelenség letartóztatni.

– Á! Még azért van egy-két ötletem. Épp ezen dolgozom most. Tulajdonképpen akár ki is jelenthetem, hogy nyomon vagyok. Képzeld, még az is lehet, hogy *pap* az illető.

– Komolyan? Ne szórakozz! Hát ez tényleg fura! Ilyet még nem is hallottam! Egy pap, mint pedofil gyilkos? Egy *igazi* pap? Olyan reverendában, meg minden?

– Igen! Durva, mi? Lehet, hogy egy pap az! Én pedig ironikus módon épp egy gyóntatófülkében ülök.

– Minek?

– Gyónok. Tudod, elég sokszor félreléptem az elmúlt években. Megcsaltam Diane-t. Egy rakás pózban csináltam másokkal. Ne tudd meg, milyenekben! Egyszer annyira kitekeredve is megpróbáltam, hogy elkékült a...

– Fiam!

– Igen, atyám?

– Megtennéd, hogy lerakod a telefont, és nem itt meséled el ezt a förtelmet?

– Elnézést! James, majd később visszahívlak, és elmesélem! Majd ha már megtudtam a gyilkos kilétét, rendben?

– Jó. De most akkor nyomozol vagy gyónsz?

– Mindkettőt egyszerre! Majd később dumálunk, és elmesélem! Elnézést, atyám. – Jack lerakta a telefont.

– Semmi baj – mondta a pap. – Mondd csak, milyen Pedofil Gyilkost emlegettél az előbb a telefonon? Aki még „valószínűleg pap is"?

– Én? Mikor? Honnan tudja, miről beszéltem a telefonon? Maga lehallgatja az én telefonomat? Vagy ha nem, akkor mégis *mennyire jó* magának a hallása, atyám? Ez valamiféle hatodik érzék önnél? Egyfajta szuperképesség?

– Végig ki volt hangosítva, te szerencsétlen! Tehát milyen Pedofil Gyilkosról beszéltél, aki után nyomozol? Aki még pap is?

– Nos, egy elég fura ügyön dolgozom, atyám. Képzelje, itt a környéken nemrég meggyilkoltak egy csomó embert. Egymás után. Megbízható források szerint még az is lehet, hogy *ennek* az épületnek az alagsorában történt az egész! Itt, a templomban! A szálak mind ide vezetnek. Jó, mi? Micsoda véletlen, hogy én meg pont itt vagyok, és ebben a templomban gyónok!

– Valóban. Tényleg érdekes ügynek hangzik. És mondd csak, mit jelent ez a „Pedofil Gyilkos" név? Ez valami veszélyes ember? Lehet a környékbelieknek félnivalójuk valamitől? Például nekem? Vagy akár itt, a gyülekezetemben valakinek?

– Á! Azok a pedofilok csak gyerekeket ölnek.

– Tudtam! Ezt egyszerűen nem hiszem el! Tudtam, hogy már megint félretájékoztatták a sajtót!

– Mit tudott, atyám? Nem értem, miről beszél.

– Csak azért mert „Pedofil Gyilkos"-nak hívják, máris azt hiszik, hogy egy pedofil az, aki gyereket gyilkol, pedig nem!

– Hanem?

– Ő nem gyerekeket öl! Azért „Pedofil Gyilkos", mert pedofilokat öl! Tudod, olyan beteg, aljas embereket von ki a forgalomból, akik gyerekeket bántanak!

– Ja? Értem! De mondja, *honnan* tudja maga ezt *ilyen* jól? Talán maga az, vagy mi?

– Hogy én?! Miért lennék én? Én pap vagyok, fiam! Miért ölnék én meg bárkit is?

– Hát csak azért, mert a Pedofil Gyilkost tőlem hallotta az előbb, és most úgy beszélt róla, mintha tudná, miről van szó!

– Én ugyan nem! Csak elmagyaráztam, hogy mi mit jelent! Hogy ne legyenek további félreértések!

– Ja, akkor rendben. Elnézést kérek.

– Semmi gond, fiam, megesik az ilyen. Akkor folytatod a gyónást? Elmondod, hogyan csináltad azokkal a nőcskékkel? De azokat a kitekert dolgokat hagyd ki, légy szíves. Azokra nem vagyok kíváncsi.

– Atyám, ott tartottunk, hogy hányszor csináltam.

– És? Akkor halljuk! Gyerünk!

– Ezt nem így szokták kérdezni. Mindegy! Hát elég sokszor, ami azt illeti. Tudja, hogy hány ujj van egy emberi kézen?

– Öt?

– Na most azt szorozza be négyezerrel.

– Értem. Hát, fiam, ez bizony eléggé elszomorító. Nem is tudom, hogy gondoltad te egyáltalán ezt az egészet. És te *ennyi nőt* feleségül vettél?

– Dehogyis! Csak lefeküdtem velük, és soha többé nem hívtam fel őket. Volt, amelyiket teherbe is ejtettem.

– Csörrrr-csörrrrrrrr! – Jack az előbb véletlenül levette a némítást a telefonról. Most meg teljesen ok nélkül elment egy rakás pénz a Dolby Surround-ra! Azt a pénzt nem erre tette félre a producer!

– Te vagy az, James? – vette fel Jack.

– Igen, de honnan tudtad, hogy én leszek az?

– Nem tudtam előre. Csak kiírta a számodat, és láttam, hogy te vagy.

– Azt mondtad, nem írja ki a számom.

200

– De kiírja, csak nem tudtam, kinek a száma ez.

– És most már tudod?

– Nem. Na jó, igazából csak blöfföltem. Nem tudtam, hogy te leszel. De egyébként miért hívsz? Tudjuk már a gyilkos kilétét?

– Nem. De én is ugyanezt akartam kérdezni tőled. Hogy haladsz az üggyel?

– Tekintve, hogy egy perce beszéltünk utoljára, még nem volt időm nagyon messzire jutni benne.

– De azért haladsz, nem?

– Persze. Jól haladok. Az előbb az ürge, képzeld, már majdnem bevallotta, hogy ő a gyilkos!

– Ki? A pap?

– Az hát!

– Akinek gyónsz? Te ott a *gyilkosnak* gyónsz, vagy mi?

– Annak!

– És tényleg majdnem elszólta magát?

– Ja! Durva, mi?

– Ja. Eléggé durva.

– Na jó, de most már le kell tennem, mert a végén még megint megsértődik.

– Jó, jó. Na, majd dumálunk, oksa?

– Csá-csá!

Jack lerakta a telefont. Visszanémította, hogy most már tényleg ne zavarják többet.

– Megint a kollégád volt? – kérdezte a pap.

– Igen. De honnan tudja?! Maga mindent kitalál?

– Még mindig ki van hangosítva a telefonod.

– Ja? Elnézést, sajnálom, ha zavartam vele. De végül is csak egy ügyről beszéltem a kollégámmal, amin épp dolgozom.

– Igen, hallottam. Valami gyilkos után nyomozol.

– Igen, a gyerekgyilkos után.

– Már mondtam, hogy nem öl gyerekeket!

– Azt maga meg honnan tudja, atyám?

– Onnan, hogy az előbb már letisztáztuk! Pedofilokat öl, azért, hogy azok ne bántsanak még több gyereket.

– Ó, tényleg! Elnézést.

– Semmi baj. Én is néha elfelejtek ezt-azt.

– *Veszem észre.*

– Ezzel mégis mire akarsz célozni? Na mindegy. Térjünk vissza a gyónásodra. Az előbb azt mondtad, hogy teherbe ejtettél egy csomó ártatlan nőt. Mégis hogyan tehetted? Végiggondoltad te ezt az egészet egyáltalán, fiam?

– Hogy őszinte legyek, nem igazán. Olyankor hajt a vérem. Meg a hormonok. A... *szerveim* odalent... de hisz úgyis tudja atyám, hogy miről beszélek!

– *Én* azt meg honnan tudnám? Pap vagyok. Honnan tudnék ilyen ocsmányságokról, hogy miket művelsz a szerveiddel odalent?

– Ugyan már! Ha valaki tudhatná, milyenek ezek a szörnyű hormonális, fizikai késztetések, akkor maga aztán biztos tudná, aki egy...

– Mondtam már, hogy *nem vagyok* pedofil!

– Á! Tudtam! Végig tudtam! Most szépen elszólta magát! Szóval *maga* a pedofil!

– Nem! Épp az imént mondtam, hogy *nem vagyok* pedofil.

– Affenébe!

– Fiam, ne feledd, hogy templomban vagy! Itt nem káromkodunk.

– Elnézést kérek. Tehát ott tartottam, hogy hajt a vérem. Egyszerűen nem tehetek róla, atyám! Én igazán nem akarom bántani a nőket!

– Tehát vered is őket? Mondhatom, szép! Sőt! Ez egyre szebb! És mondd csak, azt hogyan csinálod velük? Hogyan vered el őket? A kezeddel, vagy hogy?

– Dehogy verem el őket! Úgy értettem, nem akarom, hogy teherbe essenek! Mégis mindig megtörténik.

– Óvszerről hallottál-e már, fiam?

– Nem. Mi az?

– Én ugyan nem tudom. Pap vagyok. Honnan tudhatnám azt?

– De hisz maga mondta!

– Én? Én semmit sem mondtam. Csak megkérdeztem, hogy hallottál-e már az óvszerről.

– És?! Hallottam róla?

– Fiam, te teljesen hülye vagy?

– Hoppá! Az előbb azt mondta, nem káromkodunk a templomban!! De maga is csinálja! Hallottam! Most akkor lehet, hogy ön mégsem pap? A templomban nem káromkodunk!!

– De nem is ordítozunk! Sssssss! Fiam, vedd már vissza a hangerőt! Ez egy privát gyónás. Senkinek sem kell hallania rajtunk kívül. Csak te hallod, én és a Jóisten.

– Elnézést kérek, atyám.

– Zzzzz-zzzzz. – Megint megszólalt Jack telefonja. De most szerencsére hangtalanul. Így olcsóbb. A producer is örül.

– Na, mi a helyzet, James? – vette fel Jack.

– Most meg honnan tudod, hogy én vagyok az?! Honnan a fenéből tudod?

– Megismerem a hangodat, te idióta! Na, mit akarsz? Mondd, mi a helyzet? Tudjuk már a gyilkos kilétét?

– Honnan tudnánk? Az előbb beszéltünk, te barom! Itt semmi új nincs. Minden változatlan!

– Akkor meg minek hívsz, James?

– Mert én akarlak kérdezni *téged*, hogy hogy állsz az üggyel! Mi van a pappal?

– Ja? Egész jól állok vele! Az előbb megint tisztára elszólta magát!

– Mit mondott?

– Olyanokat, hogy szoktam-e óvszert használni, meg ilyenek! Tudtam én, hogy pedofil!

– Ja! Nekem is volt egy olyan sejtésem! Durva! És még mi történt?

– Káromkodott is!

– Nem mondod! Esküdj!

– Esküszöm! Anyám életére! Úgy káromkodott, mint egy kocsis! Pedig ugye, hogy a papok nem beszélhetnek csúnyán?

– Nem hát! Miért, ő mit mondott? Azt, hogy szabad nekik?

– Á! Csak terelte a szót utána! Azt mondta, hogy fogjam vissza magam, mert túl hangosan magyaráztam, és kihallatszik.

– Figyelj csak, azért ebben lehet, hogy igaza volt!

– Mi? Most hülyéskedsz velem?

– Nem. Hisz gyóntatófülkében vagy, nem? Templomban nem illik ordítozni, Jack. Tényleg viselkedj! Ne feledd, hogy a rendőrséget képviseled.

– Jó, bocs!

– Semmi baj, Jack! Megesik. A múltkor, ne tudd meg, *én* mit csináltam egy templomban. Sík részegen mentem be. Járni alig bírtam. Előtte telezabáltam magam kolbásszal. Annyit ettem, hogy szerintem már kiegyenesedtek a beleim a kanyarokban! Merevre töltöttem a belemet kolbásszal! Olyan lehetett odabent, mint egy zászlórúd! Azt' utána meg fogtam magam, és ott helyben, a templomban, tök részegen a padok közé estem meztelenül, és tele...

– Fiam!

– Igen, atyám? Megtennéd, hogy lerakod végre? Lehet, hogy még mások is szeretnének ma gyónni.

– Elnézést, atyám! Na figyelj, Jim, most le kell tennem! Megint nyavalyog itt nekem a gyilkos!

– Milyen gyilkos?

– A pedofil!

– Ja? Bocsesz! Akkor még majd dumcsizunk, oksa? Majd elmondom később a meztelen...

Jack letette a telefont.

– Fiam, ugye tudod, hogy még mindig ki van hangosítva a telefonod?

– Elnézést, most már tényleg lehalkítom! Tudom, hogy a nyomozás részletei nem az egyházra tartoznak. Egyébként is felkavaró lehet önnek hallani mindezt.

– *Nekem?*

– *Önnek.*

– Nekem ugyan nem! Én csak a magam dolgával törődöm, fiam.

– Akkor ezek szerint az sem zavarta, hogy az előbb pedofilnak neveztem?

– Kit? A gyilkost?

– Áhá! Szóval elismeri, hogy magáról volt szó, és maga tette! Most lebukott! Tudtam én! Most behúztam a csőbe! Erről ennyit! Vége a játszmának!

– Minek van vége? Én nem mondtam semmit, csak megkérdeztem, hogy kire mondta, hogy pedofil. A gyilkosra? Csak mert az biztos, hogy nem pedofil. Épp ellenkezőleg. Azokat öli meg, akik gyerekeket bántanak. De hisz ezt már az előbb is elmondtam, nem?

– Affrancba!

– Fiam, tudod: káromkodás...

– Elnézést!!

– És hangos beszéd...

– Bocsánatot kérek...

– Semmi gond. Tudom, hogy nem szándékosan csináltad. Néha engem is elragadnak az érzelmeim.

– Amikor embereket gyilkol halomra az alagsorban?

– Én? Dehogy! Úgy értettem, néha kicsit hangosabban imádkozom, amikor nagyon igénylem az Úr társaságát. Néha úgy érzem, jobban meghallja, ha fennhangon szólítom a nevén.

– Ja persze. Süket duma...

– Hogy mondod?

– Semmi. Nem érdekes.

– Pedig mintha mondtál volna valamit az előbb.

– Azt mondtam, süket duma.

– Hogy?

– Nem érdekes. Hallotta már, atyám, azt a kifejezést, hogy „szelektív hallás"?

– Én ugyan nem. És te, fiam?

– Én se.

– Jó, akkor javaslom: haladjunk tovább. Ott tartottunk... az előbb még meg akartad gyónni, hogy *rendesen* megrugdosod a nőket. Helyben hagyod őket, hogy tanuljanak belőle. Hogy később már ne merjenek semmi rosszat tenni, mert különben visszajössz értük, és akkor már nem ússzák meg ennyivel!

– Mi? Dehogyis! Maga mégis miről beszél? Az előbb mondtam, hogy én *soha* nem vertem meg egyetlen nőt sem.

– Jó, akkor ilyeneket biztos csak „valaki más" csinál. Nem fontos. Haladjunk akkor tovább. Mit csinálsz még azon kívül, hogy nőket versz?

– Nem verem őket. Csak teherbe ejtem mindegyiket.

– Ja persze, tényleg. És egyébként az talán jobb? Az mennyivel jobb annál, mint amit én csinálok?

– Tehát beismeri, hogy gyilkolt?

– Mit ismerek én be?

– Hisz most mondta! Hallottam, ahogy egyértelműen kimondta! Ezt már nem vonhatja vissza! Így véglegesnek számít!

– Fiam, szerintem nem az én hallásom szelektív. Én csak azt kérdeztem, hogy jobb-e annál, mint amit én csinálok. De azt nem mondtam, hogy mit csinálok! Semmit sem árultam el. Csak egy sima, egyszerű mondatot közöltem. Tudod: alany, állítmány. Egyszerű kérdés, egyszerű állítmánnyal!

– Mint például?

– Például? Lássuk csak: Mije van? Ezt kérdezem. Ő meg azt mondja mondjuk, hogy „óvszer". Legyen ez az állítmány. Azt állítja, hogy van neki. Ő állítja, mert neki van olyanja! Neki. Így világos?

– Mije van neki?

– Mit tudom én! Óvszere! Nem mindegy? Ez csak egy példa volt, nem kell szó szerint érteni! Fiam, ez egy nyelvtani példa!

– Mire?

– Nem tudom! Ne akarj már állandóan összezavarni! Hol tartottunk? Mit gyóntam meg eddig?

– Eddig? Sajnos semmit, atyám! Ugyanis nekem kéne itt elvileg gyónnom, nem magának.

– Ja? Hát akkor tedd! Mire vársz? Minek kerülgeted itt állandóan a forró kását?! Kéreted itt magad, mint egy rossz ribanc! Mondd már ki, hogy mi a francot akarsz! Mondd ki nyíltan! Mi kell?

– Atyám! Tudja: káromkodás...

– Elnézést!

– Csörrrr-csörrrrrrrr!

– Fel ne vedd, mert esküszöm, hogy kinyírlak!

– Ja, hogy ezek szerint képes lenne rá? Hoppá! Elszólta magát, hogy *ilyenekre* képes!

– Dehogyis! Ez csak egy szófordulat!

Jack mégis felvette a telefont:

– Haló! Na, vajon ki a gyilkos, James? Mesélj, haver!

– Mi? Hogyan jöttél rá?

– Mire?

– Hát hogy én vagyok a... vonal másik végén.

– Ja, arra? Szerintem csak ráhibáztam.

– Ja? Akkor jó! Már azt hittem, hogy...

– Mit hittél?

– Mindegy, nem érdekes. Biztos csak rossz a lelkiismeretem. Hogy állsz, Jack? Mesélj.

– Hát most aztán történt egy s más! Az előbb a faszi bevallotta, hogy helyben hagy embereket, és megfenyegeti őket, hogy legközelebb, ha még egyszer bármi rosszat tesznek, akkor visszamegy értük, és akkor aztán végez velük!

– Komolyan? És *így* simán kimondta?

– Na jó, nem teljesen, de egyértelműen utalt rá! Várj egy percet! Atyám, elnézést most tényleg leveszem a kihangosítást.

– Miattam ugyan ne fáradj, fiam. Már kezdek hozzászokni.

– Ja? Jó, akkor nem nyomkodom feleslegesen. Ez egy új telefon, és tudja, még nem igazán tudom használni. Na figyelj, James! Az ürge azt mondja, nem zavarja, hogy ki vagyunk hangosítva, úgyhogy akkor folytatnám is. Őt nem zavarja.

– Kit? A gyilkost?

– Azt! A pedofilt! Aki itt ül a másik gyóntatóban! Akivel épp beszélgetek.

– Ja, jó. Akkor mondd.

– Szóval szerintem ez a fickó lehet, hogy igazat mond. Tényleg bevittek mostanában kórházba olyan volt elítélteket, akik korábban pedofil bűncselekményeket követtek el. Tényleg jól megruházták őket. Azóta mindet az intenzíven ápolják. Már amelyik túlélte egyáltalán.

– Értem. És miben mond igazat?

– Hát, hogy ő nem bántja a gyerekeket, csak pedofilokat intéz el. Tudod, mint egy olyan önbíráskodó vagy mi! Mint aki nem is bánt rossz embereket, csak a rendőrség dolgát intézi helyettük, meg ilyenek.

– Ja? Az durva! Igen, már láttam ilyet filmekben. És most mi lesz? Így akkor nem is lehet letartóztatni a fazont?

– Hát nem tudom! Végül is akkor csak a rossz embereket bántja, nem? Ilyenkor mi van? Mi az előírás?

– Azt én sem tudom. Nem ezt hívják diplomáciai védettségnek?

– Nem, azok a terhesek, te hülye! Sharontól tudom.

– Akkor ez melyik eset?

– Asszem a „fellebbezés"! Ilyenkor mindig fellebbeznek, hogy a gyilkos nem rossz szándékból tette, meg hogy ő csak rossz embereket bántott, vagy tudom is én, mi a szarra hivatkoznak olyankor. Tudod: ügyvédek! Ismered őket te is...

– Ja. Az durva. De amúgy minden oké? *Rám* akkor biztos, hogy nem gyanakszol?

– Miért kéne gyanakodnom? Tettél valamit, James?

– Dehogy! Miért kérded? Én nem mondtam semmit!

– Azt kérdezted, gyanakszom-e.

– De nem gyanakszol! És ez a lényeg! Figyelj, Jack, zárjuk is le most ezt. Az az igazság, hogy rengeteg a dolgom. Tudod, az a másik gyilkos... aki véletlenszerűen öl ártatlan embereket.

– Igen, tudom.

– Na, én meg azon dolgozom.

– Oksa, akkor majd dumálunk, Jim! Jó munkát!

Jack letette.

– Fiam?

– Igen, atyám?

– Nekem egy kicsit gyanús ez a te James barátod.

– Mi? Hogyhogy? Hallotta, amit beszéltünk, vagy mi? Ja! Tudom: ki van hangosítva!

– Igen. Szóval elég furán viselkedik a barátod, nem?

– Hát nem tudom, sosem volt sok esze. Hallotta, mit csinált a múltkor valami templomban is! Telezabálta magát, hogy a bele majd szétrepedt, leitta magát aljasra, mint a disznó, aztán meg... tudja! Maga is hallotta!

– Én ugyan nem tudhatom, fiam! Én nem figyelek mások telefonbeszélgetéseire.

– Akkor meg honnan veszi, hogy gyanús?

– Azt mondtam: nem *figyelek*. De azért süket sem vagyok. Meg hülye sem.

– A hülye is káromkodás. Hoppá!

– Az nem. Az egy elmeállapot. És én nem vagyok az.

– Nem mi?

– Nem mi, hanem tessék!

– Úgy értettem, hogy ön mi nem?

– Miféle kérdés ez? Ennek így nincs semmi értelme.

– Dehogy nincs! Egyszerű alany, állítmány. Emlékszik? Azt kérdezi: Mi vagyok én? Én pedig azt állítom, hogy maga gyilkos. Utána jön az alany: én állítom *magáról*, hogy pedofil. Így már érti?

– Nem. Egyébként sem vagyok az.

– Gyilkos vagy pedofil?

– Egyik sem.

– Tudom! Ez csak egy nyelvtani példamondat volt! Nem célozgatni akartam! Tehát ott tartottunk, hogy maga szerint, atyám, gyanús a kollégám. Miért?

– Mert állandóan hívogatja. És az előbb nagyon furán kérdezett vissza. Mintha rossz lenne a fickó lelkiismerete, nem? Tán csak nem elkövetett valamit ez a kedves James?

– Azt maga honnan tudná?

– Én *sehonnan*. Csak kérdezem.

– Alannyal vagy állítmánnyal?

– Ne menjünk bele.

– De azt mondja, atyám, hogy maga szerint Jamesnek rossz a lelkiismerete.

– Igen, mivel mondta is.

– Mi? Dehogy mondta! Ezt most csak maga mondja bele, mert bele akarja mondani!

– Először is, ennek a mondatnak nem nagyon van értelme. Másodszor: James azt mondta: „Biztos csak rossz a lelkiismeretem."

– Tényleg ezt mondta volna?

– Ezt hát!

– Akkor mégis csak figyelt! Szépen lebukott! Az előbb még azt mondta, hogy nem figyeli mások telefonbeszélgetéseit! Azért én sem vagyok ám hülye, atyám!

– Az nem olyan biztos, drága fiam. Én ugyanis azt mondtam, hogy nem figyelem, de azért süket sem vagyok. Ezért tehát még ha effektíve nem is figyelek, de azért csak kihallok néha ezt-azt innen-onnan.

– A kihallás mennyivel értelmesebb nyelvtanilag, mint a belemondás?

– Ne akarj belezavarni, fiam! Te is tudod, hogy értettem. Jamesnek rossz a lelkiismerete. Valamit elkövethetett.

– Mint maga, atyám?

– Én nem. De ő esetleg igen.

– Tehát akkor már maga nem is gyilkos, ugye, atyám?

– Az előbb sem voltam az, fiam. És pedofil sem. De szerintem ne énmiattam aggódj. A barátod viszont lehet, hogy tényleg bántott valakit, akit nem kellett volna. Nem akarod esetleg visszahívni?

– Hogyan? A számát sem tudom!

– Az előbb még felismerted, amikor megcsörgetett.

– Na, ennyit arról, hogy ki nem figyel! Meg ki nem mond bele semmit, amit ki sem hallott sehonnan! Ennyit az állítmányairól, atyám! Szépen kifigyel maga mindent. Én is ismerem ám a maga fajtáját. Ne higgye, hogy nem!

– Én ugyan nem hiszek semmit, fiam.

– Pedig papnak vallja magát! Hoppá! Talán akkor mégsem az? Na, akkor ki a nyelvtanmágus? Én vagy én? Azt állítom: ki jött rá arra, hogy ki a gyilkos? Erre az alany azt mondja, hogy: én jöttem rá! Én: Az alany mondja, mert rájött! Rá bizony!

– Zseniális meglátás, fiam. Gratulálok. De ez a világon semmit nem bizonyít. Nem azt mondtam, hogy nem hiszek az Úrban, hanem hogy semmit nem hiszek. Ez csak szövegkörnyezetből kiragadott, hiányos információ. Afféle szólásmondás! Az nem bizonyít semmit.

– Ja, értem! Tehát akkor már nemcsak, hogy nem gyilkos, de még rendőr is, mi? Mióta ért maga ilyen jól a bizonyítékokhoz?

– Amióta szükségem van rá, hogy értsek hozzá.

– Mert titokban embereket öl?

– Mert nem.

– Csörrrrr-csörrrrr!

– Ez James lesz! – mondta a pap. – Vedd csak fel! Kérdezz rá, hogy mit csinált! Faggasd inkább őt a zseniális szófordulataiddal!

– Jól van na! Haló! – szólt bele Jack. – Ki van ott? A gyilkos?

– Mi? Most akkor mégis tudod? – kérdezte James a vonal másik végén.

– Mit tudok én?

– Hát hogy... Most mit marháskodsz, Jack? Csak hülyítesz, ugye?

– Szerinted? Mondd csak, James, van valami, amit el szeretnél nekem mondani? Felelj!

Kattanás...

James lerakta a telefont...

– Látod? – kérdezte a pap. – Én megmondtam. A barátodnál valami nagyon nincs rendben!

– Te jó Isten!

– Fiam! Templomban vagy. Vigyázz a szádra.

– Elnézést, atyám! Még később dumálunk, oksa? – Jack kirohant a gyóntatófülkéből.

– Ahogy gondolod, fiam. Engem itt mindig megtalálsz.

Jack kifutott a templomból, és beugrott a kocsijába.

– Irány a rendőrkapitányság! – kiabálta. Aztán észrevette, hogy nem taxiban ül, úgyhogy neki kell egyedül odajutnia valahogy.

Beletaposott hát. Kőkeményen! Mint a zászlórúd!

(Hogy ez mennyire izgalmas! Komolyan mondom, eddig ez az egyik legjobb regény a világon! Hihetetlen, hogy eddig mennyire tetszik Önnek!

Nekem?! Hogy Ön szerint inkább nekem tetszik?

Én csak írom! Nekem ugyan nem tetszik!

Önnek tetszik! Ön olvassa!

Egyébként tényleg nagyon jó, úgyhogy ezen most nem fogunk összeveszni. Még a nyelvtanon sem! Lapozzunk is tovább, mert mindjárt jön a következő oldal!)

Második fejezet: A következő oldal

Ez már a következő oldal. Ezért lett végül ez a címe.

Elég sokat gondolkoztam rajta, hogy mi legyen. Végül ez lett.

Jó, nem?

Szerintem kifejező.

Vagy így túl hosszú? Rövidítsem?

Legyen inkább csak „oldal"?

Nem. Az olyan, mint a sültoldalas! Akkor még azt fogják hinni, hogy megint szex jön!

Maradjon csak így!

Jack „bement" a rendőrségre, hogy felelősségre vonja Jamest.

Ahogy meglátta, egyből üvöltözni kezdett:

– Vigyázzanak! Fegyvere van! Veszélyes!

– Mi?! – kérdezte James megdöbbenten. De már nem tudta befejezni a mondatot, mert Jack máris rajta volt: maga alá teperte Jamest, és most a mellkasán térdelt.

– Dobd el! Dobd már el! – ordította Jack.

– M-m-mit? – dadogta James.

– A fegyvert! Lőfegyver van nála! – ordította Jack a többieknek magyarázatképp, hogy miért térdel a másikon fényes nappal, munkaidőben.

– Elő sem vettem, te állat! Szállj már le rólam!

– Ti is láttátok? Támadni készül! – Jack elkapta James grabancát, és jó erősen a földhöz verte a másik fejét. James elő sem vette a fegyverét, de most a nagy ráncigálásban az valahogy kioldódott, és kiesett a tokból. Hangos csörgéssel csúszott-gurult végig a kövön.

– Most már látjátok? – kiáltotta Jack. – Fegyver volt nála!

– De hát ő is rendőr, Jack. Van rá engedélye. Mit csinálsz? – szólt közbe egy másik rendőr.

– Most akkor te is vele vagy? – ordított rá Jack. – Állj meg ott, ahol vagy!

– Állok! – mondta ijedten a másik rendőr. (Ez volt a neve: Másik Rendőr.)

– Mindenki le van tartóztatva! – kiáltotta Jack. – Amíg ki nem derítem, mi folyik itt, mindenki maradjon a helyén! Főleg te, te rohadék! – kiabálta Jamesnek. – Mondtam, hogy *ne mozdulj*! – Újra odaverte társa fejét a márványmintás járólaphoz. Majd még egyszer! És aztán még tizenötször!

Te jó ég! Mennyi erőszak! Miért kell ennyiszer odaverni valakinek a fejét? Ráadásul a kőhöz, ami még márványmintás is?

Nem tudom. Mindig ennyiszer szokták. Még akkor is, ha az illető semmit sem csinál, csak ellenkezés nélkül hagyja és tűri. Valamiért az ilyen jelenetekben jól mutat ez a fejodaverés. Talán a főszereplő ezzel vezeti le a néző addig felgyülemlett feszültségét. Azáltal, hogy kiadja magából az összes mérgét, a néző is megkönnyebbülhet, és végre elengedheti az addig kínkeservesen benntartott gázait.

Tehát a fejodaverés egyszer nem elég. Pontosan tizenötször kell. Az ugyanis rengeteg. Annyira sok, hogy van előtte még vagy tizennégy másik szám is a sorban! Nem is beszélve a mínusz számokról. Ja, és a törtek?! Azokat már tényleg inkább hagyjuk! Még a végén megijedne valaki, hogy miféle léptékkel mérjük itt a dolgokat!

Egyébként James feje egyáltalán nem sérült meg komolyan. Az nem számít, hogy a való életben feltehetően már a második ilyen ütéstől kettérepedt volna a koponyája. A filmekben, ahogy a főszereplő kiadta az összes mérgét, és levezette valamin, máris minden megoldódik. A sérültnek ilyenkor általában bekötik a fejét, és attól máris azonnal rendbejön.

A kötés ugyanis köztudottan helyreteszi az agysérülést, a koponyaalapi törést, a súlyos memóriakiesést, az agyrázkódást, sőt azt is, amikor az ember agya marékszámra hullik ki a fejéből, mint a vörös kaviár! (Ami a *vér* miatt vörös, és nem csak a peték színe olyan ám! Vagy a kaviár nem is pete? Dehogynem! Ezért mondtam. De az is lehet, hogy ikra. Az nem ugyanaz? Nem tudom.)

Így hát Jamesnek is bekötötték a fejét, és máris minden rendben volt. Semmi baja nem esett. Sőt, a következő jelentben már biztos a kötés sem lesz rajta.

Harmadik fejezet: A következő jelenet

Egy ideje úgy érzem, hogy különösen jó vagyok ebben a fejezetcím-kitalálásos dologban. Valamiért nagyon vágom. Egyszerűen jobbnál-jobb ötleteim vannak ilyen téren (is).

Ez tehát a következő jelenet. Jamesnek valóban lekerült a kötés a fejéről. Tehát jól gondoltam, hogy így lesz.

Visszatérve a fejezetcímre. Remélem, nem túl hosszú. Megfelel így? Vagy rövidítsük le inkább?

Szórend?

Vesszők a helyükön vannak?

Nem?

Akkor jó, mehetünk tovább!

Jack tehát bevonszolta Jamest a kihallgatóba. Jack eldöntötte, hogy hevesen szeretkezni... Ja, nem! Az az előző rész volt! Tehát eldöntötte, hogy hevesen kihallgatni fog vele. Na, itt milyen lett a szórend? Mondtam, hogy vágom! Nemcsak a lábtechnikám figyelemreméltó, de az írástechnikám is. Azért, mert írni is a lábammal szoktam.

Jack „bevitte" kihallgatni. Hogy miért, azt rajta kívül más még csak nem is sejtette. De hát ettől olyan zseniális detektív ez a Jack! Mármint nem azért, mert többet tud, mint bárki más. Nem, nem! Hanem azért, mert ő már akkor is cselekszik, amikor még semmit sem tud az adott ügyről. Egy igazi ösztönös zseni. Aki mindenféle hülyeséget csinál összevissza, hátha bejön valamelyik. És néha bizony bejön! Százból egyszer! Az is valami.

– Tudom, hogy te vagy a gyilkos – vágott bele Jack máris a kellős közepébe! Ettől James erősen előre görnyedt. Aztán amikor már ismét kapott levegőt, újra kiegyenesedett.

– Miféle gyilkos vagyok én?

– Ne játszd nekem itt a zavarba jött pápát! Tudod te, hogy miről beszélek! Te vagy a „Találomra Gyilkos", aki mindig találomra öl!

– Én? De hisz épp utána nyomozok! Miért lennék én az az ember? Mégis miből szűrted le ezt a marhaságot?

– Többször is elszóltad magad a telefonban! Hiába tagadod! Egyébként meg a telefonhívások nélkül is egyértelmű lenne, hogy csak te lehetsz az!

– Miért?

– Mert te állsz hozzám legközelebb a kollégák közül! Ezt minden filmben eljátsszák! Te is nagyon jól tudod. Egy ideje már sejtettem is, hogy ez lesz! Jön egy új író vagy egy új rendező, és kitalálja, hogy végig te voltál a legfőbb ellenségem! Az, akit végig kígyóként a keblemen melengettem, mint valami perverz! Nem vagyok ám teljesen hülye, Jimbo! Ki más lehetne a gyilkos, mint te? A legjobb barátom, a „világi cimborám", a pajtim, a haverom, a spanom, a partnerem! De nem szexuálisan! Kizárásos alapon tehát: ki van zárva, hogy nem te vagy a gyilkos!

– Én ezzel vitába szállnék. Szerintem kezeltetned kéne magad. És ez a sok tényleg *mind* a kezedben van ellenem? Ennyi bizonyíték? Istenkém, hogy is lehet ennyi bizonyítékod ellenem? Teljesen összecsinálom magam itt a félelemtől! Tojok itt mindjárt magam alá néhány tojást húsvétra! Fészket is építek köré, és majd kuvikolok hozzá a nagy ijedtségtől! Tudod, valójában mire mész ezekkel?

– Azzal neked ne legyen gondod, barátocskám! Felviszem ezt az ügyet *akármeddig*! A legfelsőbb politikai szintekre! Ha kell, az elnökig is elmegyek! Bármeddig! Fel a csúcsra! Felviszem az elnököt is a csúcsra! Csúcsra juttatom! A számmal teszem! Mert beszélni fogok vele, és mindent elmondok neki rólad!

– Te most miről beszélsz?

– Tudod te azt! Bizonyítékokról beszélek, kishaver! Felsőbb körökben! Amiben mindenki benne van. A főnökök, a főmuftik, a nagykutyák meg a főmuffok! De könyékig! Mind benne van! FBI, CIA meg az összes többi!

– Van még más is azokon kívül? Kik a többiek?

– Nem tudom! Az elnök! Meg az FBI!

– Azokat már mondtad.

– Jó! Akkor is te vagy a gyilkos! Valld be, de azonnal! Valld már be! De igazándiból, mert beárullak az elnöknek!

– Olyan vagy, Jack, mint egy ötéves gyerek, aki épp toporzékol, mert nem törölték ki neki rendesen, és most egyszerre viszket neki odalent, és közben dührohama is van. Ugye tudod, hogy ennyire vagy gáz? Teljesen alaptalanul nekem estél, bántalmaztál, súlyos testi sértést okoztál, a fél agyam kilóg hátul a fejemből, de ez ne zavarjon. A kötést is levették, mert szerintük már ennyi idő alatt meg szokott gyógyulni. És most azt kéred, hogy valljam be, csak mert te azt mondod?

– Pontosan! Ezek szerint mégiscsak érted! Látod, nem vagy te olyan hülye! Ne próbálj meg kijátszani, öcsikém, mert mindent tőlem tanultál! Vagy tán elfelejtetted? Mindent tőlem tudsz!

– Ja. A gyilkolást is.

– Mi? Hát elismered, hogy gyilkoltál?

– Persze.

– Őrmester! A gyanúsított beismerő vallomást tett! Végeztünk. Viheti is egyből a kivégzésre.

– És a tárgyalás? Az nem is lesz?

– Ja, hogy most már *az* is kéne? Moziba ne vigyelek? Itt nem lesz semmiféle bűnvádi eljárás, barátocskám. Ebben az epizódban *sem*! Mint, ahogy *mezítelenség* sem! Még mit nem?! Kacsát ne süssek esetleg, te perverz, gyilkos vadállat?!

– Jack, állítsd már le magad! Én nem öltem meg semmilyen ártatlant. Úgy értettem, hogy tőled tanultam a gyilkolást, hogy együtt voltunk a seregben. Katonaként gyilkoltam, mert háború dúlt akkoriban! Vagy nem emlékszel? Még Vietnámban! Amikor együtt lőttük a kínaiakat vagy kiket!

– Még Vietnámban?

– Ott hát! Aztán meg a Közel-Keleten.

– Ott is?

– Erre sem emlékszel?

– Itt most nem az a kérdés, hogy *én* mire emlékszem, hanem az, hogy te mire *nem*! Mikor ölted meg az első áldozatodat Találomra Gyilkosként? Ki mindenkit öltél tehát meg a háború után?

– Senkit.

– Tehát te voltál az! Te ölted meg a senkit!

– Jack, te összevissza beszélsz! Neked tényleg valami baj van a fejeddel! Hisz még a háborúra sem emlékszel!

– Hogy ne emlékeznék már?

– Az előbb még a Közel-Keletre sem emlékeztél!

– Dehogynem!

– Jó, tessék, akkor kik laknak a Közel-Keleten?

– Mit tudom én! Ez nem memória kérdése! Ez földrajz! Tudom is én, hogy kik laknak ott! Gondolom, akik ott születtek, nem?

– Igen, de milyen *faj* él ott?

– Faj? James, miféle keresztkérdések ezek? Most *tényleg* menjünk bele a faji megkülönböztetésbe? Szándékosan kellemetlen helyzetbe akarsz hozni, hogy lejárassam magam a rossz válasszal! Ezt a trükköt én találtam ki, öcsisajt! Faji megkülönböztetés? Há-há! Röhög a végbelem! Jó trükk volt. Csak nem jött be!

– Dehogy akarok én bárkit is megkülönböztetni. Csak azt kérdeztem, emlékszel-e a Közel-Keletre? Kik éltek ott? Kikre lődöztünk ott összevissza? Melyik fajra?

– A keletiekre! Nem azok élnek ott?

– Nem hát, te idióta!

– Akkor meg miért hívják Közel-Keletnek? Akkor ezek szerint már ez is az én hibám?

– Kikre lődöztünk összevissza?

– Találomra? – kérdezett vissza Jack.

– Találomra!

– Te vagy hát a gyilkos! Kimondtad! Te vagy a Találomra Gyilkos! Hisz ebbe őrültél bele! Látod? Nem én vagyok a dilinyós, Jimbókám! „Kik laknak ott"-„Kik laknak ott"? Jó duma volt! Majdnem benyaltam, tényleg kicsin múlott! Már majdnem hinni kezdtem neked, hogy nem is a keletiek laknak ott! Tudom én jól, hogy kikre lődöztem, mackósajt! Ennyire azért nem vagyok hülye. De én mégse kattantam be tőle, mint te! Most aztán meg vagy lepődve, mi? Én ugyanis *mindent* tudok ám rólad, James!

– Mit tudsz?

– Mindent!

– Hogyhogy? Honnan tudhatnál „mindent"?!

– Onnan, barátocskám, hogy elkaptuk a társadat is! Itt van ő is, csak a másik kihallgatóban! És ő sajnos már *mindent* kitálalt nekünk ingyen s bérmentve! Dalolt, mint a kismadár! Elismerem, eddig szépen álltad a sarat, Jimbo! Mint egy igazi nagyfiú! Vedd úgy, hogy meg vagy dicsérve. De most sajnos vége a játéknak a nagyfiúkkal, irány vissza a homokozóba a buznyákok közé! A társad már mindent elmondott. Ő ugyanis megtört. Beköpött téged, mint a legyet! Mindent elárult rólad. Innentől már nincs értelme tagadnod, cuncimókus! Maximum csak megerősítheted az ő vallomását. Mi már úgyis tudjuk. De azért mondd csak el te is nyugodtan!

– Gyönyörű védőbeszéd volt ez, Jack, gratulálok! Csak két aprócska részletet felejtesz el. Azt, hogy először is: én is húsz éve dolgozom itt, és tudom, hogy *nincs* másik kihallgató, csak ez az egy, amiben ülök. Másodszor: miféle társam árult el? *Te vagy* a társam húsz éve, te barom! Tényleg azt hitted, hogy benézem ezt a szart? Ezt a módszert még az akadémián tanultuk együtt, hogy a „társad már köpött, most te jössz, mert úgysem változtat többé semmin."

– Jó, jó, de akkor is!

– „Akkor is"-„akkor is"! Gagyogsz itt, mint egy csecsemő! Nehogy a végén még el is sírd magad! Meg ne büfiztesselek esetleg? Gyere ide, és megbüfiztetlek. Nem vicc! Tényleg megteszem, ha idejössz! Nem akarsz? Hát jó! Akkor sincs ellenem semmilyen bizonyítékod, és ezt te is tudod.

– Honnan értesz te ennyire a bizonyítékokhoz? Mióta vagy te is pap?

– Mármint rendőr?

– Az! Nem tök mindegy?

– Húsz éve. Az előbb mondtam. Azóta vagyunk társak, ha elfelejtetted volna.

– Jó! Ez csak egy szófordulat volt. Nem kell mindent megválaszolni. Hagyjuk most ezt a hülye nyelvtani példálózást, hogy ki mit állított, mert már az előbb is az agyamra ment! Nem vagyok kíváncsi az állítmányaidra! Azzal tele van a szomszéd szoba! És hadd ne mondjam, mennyire herótja van már tőle!

– Mije van?

– Pontosan erről beszélek! Ne provokálj! A nyelvtanra ma különösen érzékeny vagyok! Tehát halljuk: ki követte el a találomra gyilkosságokat?

Negyedik fejezet: A vallomás (A nagy)

Ezen a fejezetcímen igen sokat gondolkodtam. Jó darabig fontolgattam, hogy ez-e a legmegfelelőbb, és bizony örömmel jelentem: igen, ez az. Ennél nincs jobb. És soha nem is volt. Ezt fogjuk hát használni. Mert csak ez van.

Először azt gondoltam, hogy „A nagy" majd valami olyasmire fogja emlékeztetni az olvasót, hogy valami nagy ember tesz vallomást, mint aki régen híres volt, mert sokan elismerik valami hülyeség miatt. Vagy hogy esetleg azt hiszik majd, hogy ez valami olyan szó, mint amit a pornósztárok használnak felvett névként, mint a „Nagy Johnny".

Nem. Itt semmilyen nagy méretű szervről nincs szó. Még tumorról sincs. Ez csak olyan, mint a Nagy Sándor angolul: Alexander the Great, azaz „Sándor, a nagy". Ez olyan amerikaias kihangsúlyozás, tehát nem kell komolyan venni, mert úgysem magyarul van. A fejezet címe tehát nem magyarul van, ezért úgysem értjük.

Jack tehát súlyos kérdést tett fel Jamesnek, egykori társának, tanítványának, legfőbb bizalmasának, akivel gyermekkorában együtt voltak bárányhimlőben a bukaresti dzsungelben, és ott lőtték egész nap a gyömrői lókupeceket:

– Ki követte el a találomra gyilkosságokat? – ordította Jack.

Jamesben ennek hallatán egyszerűen megfagyott a vér.

Hogy kérdezhet valaki csak így rá? *Ennyire* nyíltan?

Lehet, hogy Jack valóban *mindent* tud?

Ezek szerint végig tudta volna? Az *egészet*? Ki más lenne képes így rákérdezni, mint az, akinek titkos, „belső" információi vannak?

Lehet, hogy Jack valójában a belső ügyosztálynak dolgozik? Azoknak, akik bent dolgoznak? Belül? Ha ők bent dolgoznak, ki lehet most idekint? Vajon mit jelent az, hogy „belső ügyosztály"? Oda vajon ki „megy be"? Még beljebb mennek be, mint általában, vagy mi? És kinek dolgozik valójában Jack? Mindvégig velük lett volna? Odakint? Ezek szerint Jack tényleg tudja, hogy James a gyilkos? Miből jött rá, hogy tényleg ő az?

Hiszen valóban ő az, és ezt James egyértelműen tudta is magáról, csak ravasz módon nem vallotta be, mert nem akart börtönbe kerülni.

– Hoppá! – kiáltotta Jack diadalmasan.

– Mi bajod van már megint?! – kérdezte James ingerülten.

– Elszóltad magad, te marha!

– Én? Mikor?

– Azt mondtad, hogy „Hiszen valóban ő az, és ezt James egyértelműen tudta is magáról"!

– Dehogy mondtam ilyet!

– Most hülyéskedsz velem? Nem vagyok süket, öregem! Hallottam! Azt mondtad, „James egyértelműen tudta is magáról, csak ravasz módon nem vallotta be, mert nem akart börtönbe kerülni."!

– Én meg se szólaltam! Egy árva szó nem hagyta el a pofámat. Mikor mondtam én ilyet? Ne hazudtolj már meg állandóan!

– Jó! Rendben. Te akartad! Bizonyítékot akarsz? Akkor most idehozom neked a forgatókönyvet! Megnézzük, mi áll benne! – Jack kirohant a forgatókönyvért, és már jött is vele vissza. Diadalmasan lobogtatta: – Itt van, te hazug kutya! Na, ehhez mit szólsz?

Nagy csattanással odadobta az egész paksamétát James elé.

– Olvasd! De hangosan! Dadogás nélkül. És ügyelj a levegővételekre is. Ne motyogj az orrod alatt úgy, ahogy szoktál! És ne lihegj. Azt nem szeretem! Nem vagy te asztmás! Érthetően olvass!

– Rendben, rendben. – James olvasni kezdte: – „Miből jött rá, hogy tényleg ő az? Hiszen valóban ő az..."

– Tessék! – lelkendezett Jack. – Most akkor *mekkora* ász vagyok? Kinek van a legnagyobb nyelvtana, mi? Kié a leghosszabb?

– Jó, jó, akkor lebuktam – hajtotta le a fejét James. A forgatókönyvben tényleg minden egyértelműen benne volt. Ha James nem is, de az író valóban elszólta magát! (Hogy rohadna meg!) De James akkor sem adta fel: – Jó, de akkor is véletlen volt! Erős felindulásomból öltem meg őket. Mind a huszonhármat! Továbbá ne feledd: diplomáciai védettség, kispofám! Az én feleségem is volt ám terhes! Én is ismerek ilyen szakkifejezéseket! Így már semmit sem tehetsz ellenem. Nem lehet letartóztatni, tehát nem is szabályosan hoztál be. Kérj szépen elnézést, hogy az időmet raboltad! Sőt, tudod mit? Csókolj is kezet, ha már elnézést kértél. Vagy csókolj meg, bánom is én! Gyerünk, csókolj meg! Csókolj meg most azonnal!

– Mi? Most hülyéskedsz? Tényleg diplomáciai védettséged van?

– Igen! Kettő is!

– Affrancba! – Jack egy pillanatra elbizonytalanodott. Egész biztos, hogy James igazat mond? Mi van, ha hazudik? Hogyan is deríthetné ki? Mit szoktak ilyenkor más rendőrök csinálni, ha diplomáciai védettsége van a főgonosznak? Mit is, mit is?

Jack elővette a pisztolyát, és egyszerűen lábon lőtte Jamest.

– Áááá! – ordította James négy darab á betűvel. – Mit csinálsz, te állat? Mondom, hogy diplomáciai védettségem van!

– Tekintsd úgy, hogy felülírtam, „kispofám"!

És Jack valóban felülírta! Ennyire egyszerűen.

Lehet, hogy Jamesnek valóban volt eddig diplomáciai védettsége (ha volt egyáltalán), de innentől már biztos nem!

Jamest elvitték, és ha ki nem is végezték (azonnal legalábbis nem), de akkor is fokozottan börtönbe került. Egyenesen be

Sharon mellé! A női részlegbe, mert ott még rosszabb! Tele van minden lányokkal, és az *tök ciki*! Sőt! Rádobták egyenesen Sharonra! Feküdjön csak azon! Akkor még kényelmetlen is lesz. Ráhordtak még a halomra pár leszbikust is, hogy biztos ne kószáljanak el semerre.

Így járt hát James! Há-há!

Ez részben az egész epizód, azaz most már az egész regény tanulsága is! Sőt, az egész univerzumé. De hogy mi, abba még ne menjünk bele, mert még nincs vége a történetnek.

Lapozzon tovább!

Amíg még van papír!

Holnap talán már nem lesz több! Nemcsak írásra, de WC-zéshez sem. Mindent végezzünk tehát el, amíg még lehet, mert szorít az idő!

De előtte lapozzunk! Nincs még vége.

Lapozott már?

Még soha?

Hát ma ingyen megteheti! Akár egyetlen lap áráért! Egy teljes lap az Öné lehet, és magával viheti otthonába, hogy gyermekeivel együtt nézzék, és boldogan mutogassanak rá, hogy „ott van"! Sőt, az egész család együtt! Olyan lesz majd, mint karácsonykor!

Na jó, vége a reklámnak.

A történetnek viszont nincs.

Lapozzon már végre! Harmadszorra kérem! Most még csak kérem, ne akarja, hogy ordítani kezdjek! Igen bántó tud lenni olyankor a hangom.

Ötödik fejezet: Köszönöm, hogy lapozott

Látja, hogy nem is volt olyan bonyolult? Meg kell fogni a papír szélét, és finoman magunk felé húzni. Van olyan ember is, aki más irányba lapoz. Higgye el, hogy *az* sosem vezet semmi jóhoz! Van, aki meg botor módon tolni próbálja, vagy egyszerűen *ráfekszik* a könyvre.

Olyankor becsukódik a könyv, és nem lehet továbbolvasni. Ezt tehát ne csináljuk, mert nem ajánlott. Egyébként sem tesz jót. Nemcsak a könyvnek, de önbecsülésünknek sem, ha esetleg meglát valaki, hogy ilyen állapotban rajta fekszünk!

Jack sem tudta soha, hogy hogyan kell lapozni. Ezért sem olvasott még soha semmit.

Épp egy könyvön feküdt, és egyre jobban nyomta. Erre is ébredt fel. Ezért is fontos, hogy helyesen lapozzunk, mert ha nem, akkor úgy az életben nem alszunk többé. Egyetlen percet sem! Az pedig halálos, ezt mindenki tudja.

Jack viszont szerencsére halhatatlan. Ezért is engedheti meg magának azt a luxust, hogy összevissza lapozgat egy könyvben. Akár ki is tép komplett fejezeteket. (Ha például elfogy otthon a WC-papír.)

Most nem fogyott el, így ez a könyv szerencsére megúszta, és ezáltal szabadon terjedhet továbbra is, mint a kolera.

Jack felkelt, és azon gondolkozott, mi lesz most így? Miért nincs vége ennek a regénynek? Azt hitte, már hazamehet, és leihatja magát aljasra, mint a disznó. Akár kolbásszal is telezabálta volna magát, amíg ki nem egyenesedik a patkóbele. De valamiért ez a könyv egyszerűen nem akar véget érni!

Megfeledkezett volna valamiről?

Lássuk csak: Az Éjféli Fojtogató! már börtönben csücsül. Vagy nem. Az is lehet, hogy Jack hatszor szíven lőtte. Lehet, hogy csak a hullája ül ott a börtönben? Akkor meg miért nem temetik el?

A Kibertéri Gyilkos valahol szintén már börtönben markolássza magát. Sharon (jó esetben) leszbikusokkal hentereg a sitten. James pedig az egész halom alján hever valahol. Tehát mindenki megkapta, ami jár, nem? De vajon mi „jár"? A mosogatószer? Vagy ezt csak ő „mondja bele", hogy viccesen ezt lehessen „kihallani" az egészből?

Tényleg! A pap! Az még mindig ott ólálkodik a gyóntatófülkében, és kuncsaftokra vadászik!

Hatszázhatvanhatodik fejezet:
A pap s a fenevad száma

Mi a fenevad száma? Annak a száma: hatszázhatvanhat! Mert felüté a fejét! Bárhol! Akár a kertben! Kis buckákat csinál mindenhol, és szétcseszi az egész drága pázsitunkat!

Azok a rohadt vakondok! Gonosz egy dög az, én mondom! Hiába olyan kis pihe-puha, meg „kisvakond", meg „vakond nadrágja", de akkor is! Járatokat fúr, és onnan röhög kifelé a lyukon! A szőrös kis disznó! Vaksi szemével kikukkant, amikor épp nem vesszük észre. Lehajolunk, ahogy a kertben egy másik túrását figyeljük szorgosan, hogy hátha ott majd naivan kibújik, hogy jól fejbe verjük az ásóval! De *csak azért* sem ott fog kibújni! Kijön a hátunk mögött a másikon, mögénk settenkedik, és jól bokán harap!

Na, innen jön a mondás, hogy „felüté fejét a Gonosz". Most már legalább tudjuk. Rengeteg a tanulság ebben a könyvben, s az ódon bölcsesség! Gótikus, nyöszörögve kapaszkodó indák meg rózsaablakos templomok, süvítő szél, nyikorgó szélkakas a templom tetején.

És *már* át is váltottunk a mostani jelenetbe! Teljesen észrevétlenül! Micsoda irodalom! Egy Ferrari nem vált így, mint ez az író! Már csak azért is, mert a kocsik nem magukat váltják, hanem a vezető teszi azt.

Tehát a pap jelenleg bent ül a templomban. Épp a gyertyatartóját fényezi. De persze nem úgy! Tényleg azt csinálja. Mármint nem „azt", hanem csak takarít, na!

Aztán visszaül a gyóntatófülkébe. Ott ugyanis sokkal jobban érzi magát. Odabent legalább jól elfér. Egy csomó hely van, meg minden. Kb. ötvenszer ötven centi, de ez ne zavarjon senkit. Hogy miért nem találták fel soha a gyóntatószobát? Na mindegy!

Jack ekkor jön be erősen felindult állapotban.

Bevágtat, és be is vágja maga után az ajtót, ahogy belép a gyóntatófülkébe. Nem mintha annak lenne ajtaja. Sebaj. Akkor is mindent bevág. Mert hivatásos rendőrtiszt, fekéllyel ellátva. Tényleg is, milyen rég nem volt szó a fekélyéről! Azóta lehet, hogy már kinyílt vagy kivirágzott. Nem ártana megnézetnie valakivel!

– Te vagy az, Jack? – kérdezi a pap. – Mi járatban vagy, fiam, Mr. Szupernyomozó, a New York-i Rendőrségtől?

– Mi? Honnan tudja, hogy én vagyok az?! És honnan tudja, hogy nyomozó vagyok, ráadásul a New York-i Rendőrségnél? Lenyomozott engem, atyám? „Utánam nézetett" az alvilági haverokkal, mi? Már *vadásznak* is rám? Mondja, le is hallgat engem? Ugye tudja, hogy az törvénytelen?!

– Nyugodj már meg, te szerencsétlen! Először is onnan tudom, hogy te vagy, hogy látlak! Látom az arcodat. Itt vagyok! Hahó! – integetett Mike atya a kis rácsos ablakon keresztül a szomszéd gyóntatófülkéből.

– Hali – intett vissza Jack bizonytalanul. – De a többit honnan a fenéből tudja?

– Jack! Ott van a New York-i Rendőrség címere a bőrdzsekiden! És egyébként is New York-ban vagyunk! Hol máshol lennél nyomozó? Azt pedig a telefonban mondtad a múltkor a barátodnak, hogy épp egy ügyön dolgozol! Tényleg is, hogy van James barátunk? Remélem, jól. Remélem, jól bezárva!

– Miatta már nem kell aggódnia, atyám. Hűvösre tettem, mint a jégkrémet. Többet nem fog hívogatni gyónás közben! Úgyhogy most magán a sor! Halljuk csak, atyám, azokat a magasröptű állítmányokat, kinek van mije? Na gyerünk! Én most már ráérek.

– Valójában én is – mondta Mike atya. – Örülök is, hogy benéztél. Dumcsizzunk, oksa? A telefonodat viszont rakd repülőüzemmódba, mert különben én rakom abba, de a csukott ablakon keresztül! És elég drágák ám ezek a rózsaablakok. Nem szeretném kitörni. Még Jézus is rajta van, meg minden.

– Jó, jó. Mindjárt lehalkítom.

– Csörrrr-csörrrrrrrrr!

– Ezt nem hiszem el! – kiáltott fel Mike atya. – Azt mondtad, lesittelted, nem?

– Le hát! James biztos nem hívhat. Talán a volt feleségem a tartásdíj miatt.

– Na, majd egyszer azt is elmesélhetnéd, hogy vele mit műveltél. Meg azt is, hogy hogyan.

– Haló! – szólt bele Jack dühösen. – Most tényleg nem tudom, hogy ki az. Nem ismerem ezt a számot.

– Mert a börtönből hívlak – mondta James a vonal másik végéről. – Ez egy nyilvános telefon.

– Mi a rákot akarsz tőlem? Már lesitteltelek! Fenyegetni akarsz, vagy mi?

– Dehogyis! Csak érdekel a gyilkos kiléte. Mármint a pap! Mesélj, hogy állsz az üggyel?

– James, nincs nekem erre időm!

– Jaj, ne csináld már! *Megöl* idebent az unalom. És ha valaki, hidd el, *én* tudom milyen az, amikor *ölnek*!

– Jó, akkor majd elmesélem. Majd benézek valamikor. De most nem érek rá! Épp vele beszélek.

– Már megint?! Mégis milyen gyakran jársz te oda? Csak nem *viszonyod* van vele?

– Ez egy férfi, te szerencsétlen!

– Na és? Egyszer én, ne tudd meg, hogy mit csináltam egy férfival! Épp telezabáltam magam kecsketúróval, és *mezítelenül...*

– Jó, most tényleg leteszem!

Jack letette.

– Sajnálom, atyám. Mégis James volt az.

– Tudom. Hallottam.

– Azt mondta, sosem figyel mások beszélgetésére!

– Nem is, de azért hallok! Mondd, fiam, hogy vagy egyébként? Óvszert vettél-e mostanság? Ugye használsz már?

– Atyám, ilyesmit nem igazán illik egy papnak megkérdeznie.

– Húszezer teherbe ejtett nő után? Fiam, úgy még a pápa is megkérdezné, ezt hidd el nekem!

– Jó, jó. Vettem. Otthon van egy egész levéllel. De nem tudom, hogyan kell használni.

– Gyere be majd egyszer, és megmutatom. De nem „úgy"! Majd valami uborkán, vagy tudom is én, min.

– Tehát akkor mégis csak tudja, hogy mi az, ugye?

– Mindenki látott már uborkát, fiam. Az egy közismert zöldségféle. Ne kérdezz hülyeségeket.

– És még mindig káromkodik...

– És az elmeállapotom is kiváló. Úgyhogy hiába is erőlködsz, nem fogsz tudni most sem beugratni.

– Miért? Talán lenne mivel kapcsolatban?

– Nem. Állíthatsz, fiam, akármit. Én nem dőlök be ezeknek az olcsó szófordulatoknak.

– Akármit? Rendben! Azt állítom, hogy maga pap.

– A pap nem az alany inkább?

– Most nem! Ez most egy kivétel. Az pedig erősíti a szabályt. Ez a nyelvtanban is ugyanúgy működik.

– Ahogy gondolod. És akkor ki az alany?

– A sértettek a kórházban. Rákérdezek: Maga volt, aki elverte őket?

– Ezt most állítod vagy kérdezed?

– Mindkettő!

– Na jó – mosolygott a pap. – Tényleg nem kedvelem túlzottan a pedofilokat. Ez most baj? Ennél többet viszont nem fogok elárulni úgysem. Még akkor sem, ha tíz évre visszamenőleg meg is nézed a forgatókönyvben!

– Mi? Honnan tud maga a *forgatókönyvről*?

– Istentől. Jóban vagyunk ugyanis.

– Affrancba! Ezzel nem számoltam. De akkor is bele lehet írva egy s más! Megnézzük?

– Ne fáradj vele. Isten úgyis kitörli, ha megpróbálod. Megdumáltam vele. Tehát sajnos nem érsz semmit a forgatókönyveddel. Isten kitörli. Mondhatnám, hogy te is kitörölheted, de vele. Már ha meg nem sértelek.

– Á, ugyan. Igazán nem sértődöm meg. Már hozzászoktam az ilyenekhez. Egy gyilkos korábban azt mondta rám, hogy repedjek szét hosszában.

– Ez igazán nem volt szép tőle. Hogy mondhatott egyáltalán ilyet?

– Nem is tudom. Előfordulhat, hogy... ööö... őt is... teherbe ejtettem.

– Őt is? Egy *férfit*?!

– Dehogyis! Ez *nő* volt! Azt mondtam, „gyilkos". Lehet nő is az illető, nem?

– Hát én azt nem tudhatom, fiam. Nem forgok ilyen körökben. De akkor egyszer erről is mesélhetnél majd. Hogy ezek a női gyilkosok miket művelnek.

– Szíves örömest, atyám. Én ráérek. Majd még benézek egyszer. Most viszont sajnos mennem kell.

– Biztos benézel majd? Tudod, elég unalmas itt, ebben a templomban. Ez a gyóntatószék is olyan szűk, hogy már enni sem merek idebent, mert ha csak tíz dekát is híznék, ki sem férnék többé innen.

– Persze. Jó duma. Egyszer úgyis elkapom, atyám. De ígérem, hogy azért benézek. Vagy tudja, mit? Mi lenne, ha

233

inkább csak megígérné, hogy nem öl pedofilokat, és kész? Azzal nem buktatná le magát! És akkor fegyverszünetet köthetünk. Ami eddig történt, az pedig, vegyük úgy, hogy meg sem történt. Végül is amúgy is csak rossz embereket ölt! Nekem ugyan nem fognak hiányozni. Lebuktatni meg nem tudom magát, mert túl agyafúrt. Akkor legalább ne csinálja többé, rendben?

– Rendben, megígérem, hogy nem ölök meg senkit. És mi a helyzet a megruházással? Meggyepálhatok néha egy-egy pedofilt, ha erre tévedne?

– Persze. Sőt! Olyankor csörgessen meg. Lehet, hogy segítek, ha esetleg nem bírna vele egyedül.

– Rendben. Majd rád csörgök. Facebookon, ha bejelöllek, visszajelölsz-e majd, fiam?

– Vissza. De csak akkor, ha minden selfie-met lájkolja is! Rengeteget dolgozom velük! És ne várja el, hogy aztán majd megköszönjem! Tudja, hogy az bénán mutat, ha ott köszönget az ember!

– Tudom! Én sem szoktam hálálkodni érte. Néha én is csinálok amúgy.

– Selfie-ket?

– Persze. Még mise közben is. Ilyenkor gyóntatás közben is szoktam, csak nekem le van véve róla a hang, hogy ne hallják az exponálást. Az előbb is csináltam egyet. Megnézed?

– Ja! Hogy sikerült?

– Szerintem nem lett rossz. Felülről szoktam csinálni, mert tudod, nem vagyok már fiatal. Van egy kis tokám, és ha alulról fotózok, akkor kicsit látszik, mert...

– VÉGE A NEGYEDIK RÉSZNEK –
– ÉS A REGÉNYNEK –
– ÉS AZ OLDALNAK –
– LAPOZZON –

Utószó:
Ahol most viccet félretéve, tényleg minden kiderül

1. Mi lett a történet vége?

Lapozzunk vissza, és olvassuk el, de most ezúttal normálisan, ha lehet, dadogás nélkül. Akkor talán tényleg ki is derül.

2. Hol volt akkor az a marha nagy „új irodalmi műfaj"?

Benne volt a regényben. Az elején meg is indokoltam 14 pontban. De ha az kevésnek tűnt, akkor itt van még három:

#15: Legyenek a történetben olyan telefonbeszélgetések, ahol a készülék egyértelműen ki van hangosítva, és a másik fél biztos, hogy hallja, amint épp róla beszélnek. Erről viszont *csak azért sem* vesz senki tudomást!

#16: Legyenek a regényben feleslegesen elnyújtott párbeszédek, melyeknek se füle, se farka. Kizárólag öncélú jellegű legyen, úgy, hogy sehová sem tart az egész. Vagy mégis? Lehet, hogy nagyon is tart? Lehet, hogy tulajdonképpen izgalmas, mert folyamatosan derülnek ki dolgok egymás után? Na, *ez* a kettősség legyen benne!

#17: Mindenki kapja meg méltó büntetését, de ne pont úgy, ahogy más történetekben szokott lenni. Úgy már unalmas!

3. Jó, jó, de végül is akkor mije van Jacknek?

Rendben. Tisztázzuk akkor le. De most aztán egy életre!

És komolyan, viccet félretéve:

Gyomorfekélye van, hasnyálmirigy gyulladása, két gyereke, húszezer felcsinált nője (akik remélhetőleg nem fognak mind tartásdíjat kérni), óvszere, amit még nem tud használni, de majd a pap megmutatja neki (de nem „úgy"!, hanem uborkán). Továbbá Jacknek lelke van, lelkiismerete is van, büdös bőrkabátja, ami azért akkor is háromezer dollárt ér, tehát ki nem szarja le, hogy van-e szaga, vagy nincs? Ilyen kabátja még Brad Pittnek sincs! Mije van még Jacknek? Pénze. Ez már mégiscsak a negyedik rész. Egy sikertelen sorozat sosem jutna el idáig. Tehát biztos, hogy elég jól keres már vele.

4. Mi a helyzet Jack gyerekeivel? Most... hogy így anya nélkül maradtak szegények?

Francokat maradtak azok anya nélkül! Sharon van börtönben, és nem Diane! Már megint nem figyelünk? Diane jól van. Azóta túl is tette magát Jacken, és újra férjhez ment egy nagyon kedves, gazdag és jóképű sorozatgyilkoshoz.

5. Sorozatgyilkoshoz?!

Ez thriller, nem? Miért kell hisztériás rohamot kapni attól, hogy sorozatgyilkos? Igen, Diane új férje is az. És akkor mi van?

6. De hát akkor mi lesz a két gyerekkel?

Semmi. Ez a gyilkos sem pedofil. A gyerekekkel nagyon kedves, és őket sosem bántaná. Ő kizárólag felnőtt nőket öl. Olyanokat, akiknek D-vel kezdődik a nevük. Továbbá olyanokat, akiknek „iane"-nre végződik. De ez majd úgyis csak a következő részben lesz. Most még lényegtelen, hogy Diane meghal-e szörnyű kínok között, vagy sem.

7. Miért olyan szűkek és kényelmetlenek azok a gyóntatófülkék?

Nem tudom. Írjon levelet a pápának ez ügyben! Hátha segít.

8. Levelet írni nem a Mikulásnak szoktak?

Annak?! Én biztos nem írok neki többet! Pedig hányszor, de hányszor kértem már milliókat! Mégsem érkezett meg soha. Ennyit erről! Állítólag a „postán elkeveredik". Na persze! Én is kihallok azért ezt-azt innen-onnan, nem kell megijedni!

9. Mi a helyzet a vakondokkal?

Dögöljenek meg. Nincs egyéb mondandóm erről az ügyről.

Az a pázsit egy rakás pénzbe került ugyanis! Most meg úgy néz ki, mint az ementáli sajt, csak zöld színben. A lábamon meg kötés van azóta, mert az a fránya kis dög belém harapott.

10. Mióta harapnak a vakondok?

Amióta éhesek(?). Nem tudom. Lehet, hogy akkor nem is az volt?

Nekem mindenesetre elég feketének meg szőrösnek tűnt a kis rohadék, és a föld alól mászott ki! Patája is volt meg szarva.

11. A vakondok nem egyesszám? Mi akkor a többesszám?

Nem tudom. Kérdezzen meg róla egy papot! Azok ezek szerint elég jók a nyelvtanban.

12. Mi a végső tanulság? Amire ez a regény tanít s nevel?

Semmi. A nihil és a káosz. Az anarchia. A fekete lyukak. Az újjászületés és az örök élet kontrasztban az örök halállal. A megbékélés és a keresztényi szeretet, ellentétbe állítva az örök háborúval és a gyilkos dühvel, ami a sorozatgyilkosokat is hajtja. A mindentudás és az abszolút mentális nihil egymással összehasonlítva, mérlegre téve, és ezáltal meg is értve és felhasználva a saját célunkra, hogy végre minden a helyére kerüljön, és úgy alakuljon, ahogy mi szeretnénk. *Úgy*, ahogy kell.

De ezt majd úgyis elmondják irodalomórán, ha már kötelező tananyag lesz a regény.

13. Az lesz?
Remélem, nem!

14. Lesz még folytatás?

Folytatása következik!

(Örülhetünk hát, hogy „igen, lesz még ilyen"!)

Ötödik rész:
A Merénylő

Annyira jól lő már, hogy emberekre lő! Ő képes rá! Azokat a legnehezebb ugyanis eltrafálni, mert hajlamosak elugrani a kis szemetek! Az emberek valamiért érthetetlen okokból nem szeretnek meghalni, és megugranak, ha vaktában lődöz rájuk valaki! De a Merénylő nem valaki. Ő egy senki. Csak egy hang a misztikus távolban! A harag hangja, a bosszú hangja! (Azért csak távolról magyaráz, mert túl gyáva előjönni.) Gyáva alak, de egyébként annyira precíz, hogy őelőle nem lehet elugrani! Letartóztatni sem merte még senki. Megbízásból, pénzért öl, mert annyira azért mégsem őrült, hogy ne keresse degeszre magát ezzel az egész hobbival! Annyira gonosz, hogy már pénzéhes is! Izzadva, gonosz tekintettel, koncentrálva lő...! Mert ő...

A Merénylő!

Aki nem ismeri a félelmet!

Egy ember, akinek nincs vesztenivalója! (Igazából mindenkinek van, és ez marhaság, de azért mindig nagyon jól hangzik, ha ilyenekkel dobálózunk!)

Hatodik rész:
Aki utoljára nevet

Ki az, aki utoljára nevet? Hát az, aki előtt korábban mindenki más már kiröhögte magát! Jó utolsónak lenni, és csak akkor nevetni feszengve, mint akit szélgörcs gyötör? Érezhetjük úgy, hogy szánalmas utolsóként megnyertünk volna bármit is? Tűnhet az egyfajta erkölcsi diadalnak? Nem!

Ám David mégis csinálja. Mindig ő nevet utoljára. Bohócként dolgozik egy cirkuszban. Látszólag tündérien aranyos, vidám, és imádja a gyerekeket, valójában viszont szomorú: mert nem ölt még eleget!

Tesz hát róla, hogy a cirkusz közönsége, sőt még az ott dolgozók is hulljanak, mint a legyek. Főleg a légakrobaták hullanak, amikor David ellopja alóluk a hálót!

Tortával dobálózik... melyben kések és üvegszilánkok vannak! Vicceket mesél... s olyankor a közönség vérengzésbe kezd, ugyanis megőrülnek a körmönfont módon viccekbe rejtett szarkasztikus tartalomtól!

David néha elesik a banánhéjon... de olyankor másokat is magával ránt ám a mocsokba! Bele a fertőbe! A prostitúcióba meg a drogba. Na meg a szerencsejátékba, a függőségbe és a szexuális bűnözésbe! Amúgy rendesen, ahogy azt a bohócok csinálják!

Hogyan csinálják *azt* a bohócok? Ez mind kiderül ebből az epizódból!

Hetedik rész:
A Jégtáncos
Leonard feszülő, csillámos ruhában, hosszú, szőke hajjal táncol a jégen, akár egy igazi jégtáncos! (Mert az.) Nőket dob fel pörögve a levegőbe, hogy aztán azok elgyötört arccal, nevetséges pózban a fenekükön landoljanak! Ez még odáig rendben van, hogy a jégen ezt teszi (ott ugyanis mindig azt hazudja, hogy véletlen volt), de Leo sajnos ezt már a nyílt utcán is csinálja. Feldob embereket, aztán direkt rosszul kapja el őket. Van, akit meg sem vár, csak feldobja, ő meg simán hazasétál, hogy azok visszaeséskor betegre törjék magukat a betonon! Nem mehet tovább ez az eszeveszett ámokfutás! Jacknek meg kell állítania Leót, a Jégrémet!

Nyolcadik rész:

A szomszéd

Ki az, akire sosem gyanakodnánk? Hát a mosolygós szomszédra!

Hogy ölhetne meg bárkit baltával? Hiszen szemközt lakik, és olyan szép tisztán tartja azt a lábtörlőt az ajtaja előtt!

Hogy tarthatna fogva fiatal nőket bilincsbe verve a hátsó szobában? Hisz mindig előre köszön, és a kaput is kinyitja előttünk, ha látja, hogy jövünk reggel a szatyrokkal!

Hogy lenne képes kannibál módjára rosszullétig zabálni magát emberhússal, bezárkózva, lakása rejtekében őrjöngve? Hiszen a lakógyűlésre is mindig pontosan érkezik, és *kiváló* javaslatai vannak!

Átjár hozzánk, és udvariasan érdeklődik egészségünk felől. Barátainknak is előre köszön a folyosón. Gyermekünkkel is megértő és aranyos. Mindenki szereti. Mindennap átjön mosolyogva. Olyan gyakran átjön, hogy szinte már haza sem megy, és nálunk is lakik, hogy rohadna meg!

Ezért: sose nyiss ajtót, amikor rohad a szomszéd!

De miért tenne olyat? Hiszen él!

Na, így aztán végképp ne nyisd ki!

És ha csak *kristálycukrot* hoz, mert a múltkor adtál neki, és most meg akarja adni a tartozást?

Akkor viszont nehogy már veszni hagyj fél kiló drága cukrot! Vedd el tőle, aztán majd *utána* többé ne nyisd ki. De akkor már tényleg ne!

Kilencedik rész:

A Csöves

Steve csőszerelőként dolgozik a helyi vízműveknél. Csöveket hegeszt, és tömítéseket cserél, ha szivárgás van. Meglepő ez a fordulat? Ugye, hogy egy hajléktalanra számítottunk a cím alapján? És most csalódás, hogy csak egy csőszerelőről van szó? Az iszákos hajléktalan ijesztőbb lett volna, mi? Jó, akkor legyen az! Tehát Stephen egy iszákos hajléktalan, aki korábban a vízműveknél dolgozott. Régen csöveket hegesztett... de már *nem*! Ugyanis, ha lenne munkája, akkor valószínűleg nem lenne hajléktalan. Nem is alkoholizálná magát a halálba, ha tele lenne pénzzel.

De lehet, hogy akkor is megtenné? Miért? És ki képes olyanra?

Hát egy velejéig romlott, beteg elme!

Egy őrült jár a sikátorokban éjnek évadján!

Amikor leszáll az éj...

s a Csöves közeleg...

Vigyázz a borosüvegedre! Steve eljön érte!

Zárkózz be, ne menj az utcára! Steve kocsikat tör fel, aztán úgy dönt, hogy iszik... *és* vezet!

Tizedik rész:

A fogorvosok

Valójában csak egy fogorvos van, de többesszámban ijesztőbben hangzik. A többiek tehát nem azok. Akkor kik ők? Hát, ha nem is fogorvosok, de egy közös azért van bennük: mind a tízen gyilkosok!

Ebben a végső epizódban egyszerre támad rá az összes korábbi rész sorozatgyilkosa Jackre, a detektívre. Rengeteg is a gondja szegénynek, ami miatt súlyos urológiai problémája keletkezik: sérvet kap a stressztől! Mindenki őt támadja. A főnöke, a volt felesége és a gyilkosok is. Azok is, akiket korábban letartóztatott és azok is, akiket már rég lelőtt. Úgysem emlékszik senki, hogy melyikük ki volt, és ki maradt életben! Hadd támadjanak már akkor, ha egyszer ez okoz nekik örömet! Nekik is lehet néha „*egy jó napjuk*", nem? Ennek a befejező epizódnak tehát lehetne az is a címe, hogy „*Egy jó nap* a halálra", de ez túl klisés lenne. Lehetne akkor az, hogy mondjuk, „A Csöves"? Nem! Az az előző rész volt. Legyen akkor az, hogy „A fogorvos". Vagy akár többesszámban is lehetne írni, hogy még *váratlanabb* legyen!

Vajon mennyire tud váratlan lenni egy fogorvos? Például egy fúróval? Ön várta-e már? Vagy lehetne váratlan akár egy olyan kis kaparó izével, aminek talán neve sincs, mégis szeretik használni, amikor belevájnak vele az ember lyukas fogába! Bele a lyukba! Ön járt már úgy? Vagy akár mennyire váratlan egy fogorvos egy jókora injekciós tűvel? Várt már Ön fogorvost injekciós tűvel?

Ez mind kiderül ebből az utolsó megrendítő epizódból! Az is, hogy korábban Ön várta-e már a fogorvost és az is, hogy miért! Most végre megtudja! Ezúttal mindent megtudhat Jackről. Sőt! Akár saját magáról is! Ennyi misztikumot! És ez mind benne van az eredeti árban? Ez a záró epizód tehát valóban megéri! Egy dolgot viszont sose feledjen!

Ne menjen az ajtóhoz, ha valaki jön felfelé a sötét lépcsőházban!

Ne válaszoljon, ha valaki váratlanul kopogtatni kezd!

Ne nyissa ki a száját, ha a fogorvos az!

A szerzőről

Gabriel Wolf (többszörös bestseller) író, zeneszerző, énekes és borítótervező.
Íróként művészetének fő témái a Tükör Mögötti Világ, az időhurkok és a hit. Wolfnak íróként az a szokása, hogy valamilyen módon beleírja magát és feleségét minden írásába. Pozitív és negatív szereplőként egyaránt előfordulnak a történetekben. Arra a kérdésre, hogy mi ennek az oka, azt válaszolta, hogy szerinte sokkal érdekesebb valódi emberekről olvasni és velük együtt izgulni, mint nemlétező személyekkel. Mivel ezekben a történetekben mindkét szereplő más és más külső és belső tulajdonságaikat tekintve is, felmerülhet a kérdés, hogy melyik ezek közül a valódi Gabriel és Nola? Erre a szerző azt válaszolta, hogy konkrétan egyet-egyet kiragadva egyik sem. Az összes írást kellene egyszerre elolvasni és azokból már valóban összeállhatna, hogy a leírt karakterek mennyire hasonlítanak rájuk.
A Tükörvilágban játszódó történetek mindegyike összefügg valamennyire: majdnem mindegyik írásban említve van egy másik írás Wolftól. Van, amelyikben szereplők találkoznak össze, sőt olyan is van, ahol a két (korábban nem összekapcsolódó) történet együtt fog tovább folytatódni.
Wolfnak közel hatvan írása van. Van, amelyiken jelenleg is dolgozik.

Zenészként általa alapított együttesek: Finnugor (szimfonikus black metal), Ywolf (sötét, gótikus szimfonikus zene), Infra Black (terror EBM) és Aconitum Vulparia (dark ambient).
1977-ben született és huszonnégy éve zenél.
Több mint harminc stúdió albumot készített ez idő alatt és négy külföldi kiadóval van/volt állandó szerződése. Sok országban kaphatók a lemezei a mai napig is.

Gabriel Wolf többnyire Budapesten él – feleségével, Nolával és a lányával, Vicával –, néha pedig a „Tükör Mögött". Olyankor nem öregszenek…

Kapcsolat

Facebook
www.facebook.com/GabrielWolf.iro

Twitter
www.twitter.com/GabrielWolf_iro

Email
artetenebrarum.konyvkiado@gmail.com

Egyéb kiadványaink

Antológiák:
„Árnyemberek" horrorantológia
„Az erdő mélyén" horrorantológia
„Robot / ember" sci-fi antológia
„Oberon álma" sci-fi antológia

Anne Grant & Robert L. Reed & Gabriel Wolf
Kényszcr (thriller regény)

Gabriel Wolf & Marosi Katalin
Bipolar: végletek között (verseskötet)

J. A. A. Donath
Az első szövetség (fantasy regény)

Sacheverell Black
A Hold cirkusza (misztikus regény)

Bálint Endre
A Programozó Könyve (sci-fi regény)
Az idő árnyéka (sci-fi regény)

Szemán Zoltán
A Link (sci-fi regény)
Múlt idő (sci-fi regény)

Anne Grant
Mira vagyok (thrillersorozat)
1. Mira vagyok... és magányos
2. Mira vagyok... és veszélyes [hamarosan]
3. Mira vagyok... és menyasszony [hamarosan]

David Adamovsky
A halhatatlanság hullámhosszán (sci-fi sorozat)
1. Tudatküszöb (írta: David Adamovsky)
2. Túl a valóságon (írta: Gabriel Wolf és David Adamovsky)
3. A hazugok tévedése (írta: Gabriel Wolf)
1-3. A halhatatlanság hullámhosszán (teljes regény)

Gabriel Wolf

Tükörvilág:

Pszichopata apokalipszis (horrorsorozat)
1. Táncolj a holtakkal
2. Játék a holtakkal
3. Élet a holtakkal
4. Halál a Holtakkal
1-4. Pszichokalipszis (teljes regény)

Mit üzen a sír? (horrorsorozat)
1. A sötétség mondja...
2. A fekete fák gyermekei
3. Suttog a fény
1-3. Mit üzen a sír? (teljes regény)

Kellünk a sötétségnek (horrorsorozat)

1. A legsötétebb szabadság ura
2. A hajléktalanok felemelkedése
3. Az elmúlás ősi fészke
4. Rothadás a csillagokon túlról
1-4. Kellünk a sötétségnek (teljes regény)
5. A feledés fátyla (a teljes regény újrakiadása új címmel és borítóval)

Gépisten (science fiction sorozat)
1. Egy robot naplója
2. Egy pszichiáter-szerelő naplója
3. Egy ember és egy isten naplója
1-3. Gépisten (teljes regény)

Hit (science fiction sorozat)
1. Soylentville
2. Isten-klón (Vallás 2.0) [hamarosan]
3. Jézus-merénylet (A Hazugok Harca) [hamarosan]
1-3. Hit (teljes regény) [hamarosan]

Valami betegesen más (thrillerparódia sorozat)
1. Az éjféli fojtogató!
2. A kibertéri gyilkos
3. A hegyi stoppos
4. A pap
1-4. Valami betegesen más (regény)
5. A merénylő [hamarosan]

Dimenziók Kulcsa (okkult horrornovella)

Egy élet a tükör mögött (dalszövegek és versek)

Tükörvilágtól független történetek:

Árnykeltő (paranormális thriller/horrorsorozat)
1. A halál nyomában
2. Az ördög jobb keze
3. Két testben ép lélek
1-3. Árnykeltő (teljes regény)

A napisten háborúja (fantasy/sci-fi sorozat)
1. Idegen Mágia
2. A keselyűk hava
3. A jövő vándora
4. Jeges halál
5. Bolygótörés
1-5. A napisten háborúja (teljes regény)
1-5. A napisten háborúja illusztrált változat (a teljes regény újrakiadása magyar és külföldi grafikusok illusztrációival)

Ahová sose menj (horrorparódia sorozat)
1. A borzalmak szigete
2. A borzalmak városa

Odalent (young adult sci-fi sorozat)
1. A bunker
2. A titok
3. A búvóhely
1-3. Odalent (teljes regény)

Humor vagy szerelem (humoros romantikus sorozat)
1. Gyógymód: Szerelem
2. A kezelés [hamarosan]

Álomharcos (fantasy novella)

Gabriel Wolf gyűjtemények:

Sci-fi 2017
Horror 2017
Humor 2017

www.artetenebrarum.hu

Lightning Source UK Ltd.
Milton Keynes UK
UKHW021130200820
368549UK00010B/1236/J